論集

明治十七年十一月

# 藤岡・秩父自由党事件

黒沢　正則

まつやま書房

# はじめに（『論集　明治十七年十一月藤岡・秩父自由党事件』刊行にあたって）

## （1）供述にどう向き合うべきか

令和四年十二月、私は『広域蜂起　秩父事件　群馬人が秩父を動かした・世界遺産「高山社」』（以下『広域蜂起　秩父事件』と表記する）を刊行した。特色はタイトルにある通り群馬人が秩父を動かしたというものであり、秩父事件の中心は秩父ではなく群馬にあったという、従来とは違う新たな見解を示した点である。

井上幸治先生が『秩父事件　―自由民権期の農民蜂起―』（中公新書）を発表したのが一九六八年のことである。貧窮農民が高利貸しや富豪層に対して起こした農民騒擾事件というそれまでの見方を一変し、事件を「自由民権運動の最後にして最高の形態」として、自由民権運動の中に深く位置づけ、秩父事件に新たな光を当てることとなった。同書は、やがて訪れる秩父事件研究の波の原動力となったのである。以来これに触発されるかのように多くの秩父事件関係本が刊行されてきた。特に秩父事件一〇〇年の年にあたる一九八四年を数年後に控えたころ、つまり一九八〇年前後から十年間余りであろうか、大きな熱のようなものにつつまれ、その大きなうねりの中から多くの著作が生まれた。それは、「明治百年」に始まる。「〇〇開業百年」「〇〇戦争百年」「自由民権百年」などと続いた百年ブームの最後を飾る熱気であったろうか。しかし、事件の中心は群馬である、という論説には出会ったことがない。少なくとも私が読んだ秩父事件関係書籍の中にそれはなかった。『広域蜂起　秩父事件』が初めてではないだろうか。

秩父事件研究者の一人、井出孫六氏はその著書で「すでに死を覚悟していた彼には、何のかくしだても必要ではなかったから、その供述はよどみなく前後にいささかの矛盾も見られない」と、田代の供述についてはこれをほぼ全面的に肯定している。「嘘、偽りのない田代供述」をもとにして秩父事件を語っているのである。他の研究者、小説家の作品を見ても井出氏同様、これを疑問視して記述しているものは皆無に近い。私がこれまでに接した中では唯一、藤林伸治氏の論稿（『秩父困民党に生きた人々』所収他）があるくらいである。

できることならば『秩父事件史料集成』（全六巻・二玄社）『秩父事件史料』（全五巻・埼玉新聞社）に収められた田代栄助、加藤織平、小柏常次郎、新井周三郎らの尋問調書を読んでほしい。そこにはすでに死を覚悟した者たちの言葉がある。死を逃れたいとか、刑を軽くしたいとか、権力に阿る姿は微塵もない。実に堂々たるものである。しかし、だからといって彼らがすべて真実を語っていると考えるのは大変な誤りである。死を覚悟して大衆を率いたならば、自らの死と引き換えに彼らを守る、これが上に立つ者の信念であったはずである。堂々たる供述の裏に何が隠されているのか、どんな嘘を語り、どんな真実を語らなかったのか、このことを考えなければならない。『広域蜂起　秩父事件』で明らかにしたように、この事件は自由党による事件であり、政府転覆を狙った事件であり、群馬も深くかかわる事件であった。これらの事実を供述していればどうなったであろうか。新たに命を絶たれ、獄窓に呻吟し、あるいは家族もろとも路頭に迷う幾多の人々を生み出すであろうことは容易に想像がつく。彼らとつながりを持つ各地の組織も壊滅の危機に直面することになるであろう。

彼らの供述に何の疑念も抱かず、これを真実として歴史を描くことは単なる誤りでは済まない問題である。彼らへの冒涜と言ってもいい。彼らは何を語りたかったのか。彼らが胸の内に秘めたまま墓場まで持って行ったものはなにか。歴史を語りたいなら、それを暴かなければならないのである。彼らの残した一言一句を検証しながら全体像を明らかにする。これが彼らに対する礼儀ではないだろうか。

## (2) なぜ「秩父事件」ではいけないのか

秩父事件が起こったのは秩父郡下吉田村椋神社である。そういう意味で秩父事件という呼び名は正しい。しかし、実際に起こった最大の戦いである金屋の戦いは児玉郡金屋村であり、この戦いと並ぶもう一つの東馬流の戦いは長野県でのことである。これらを重視すれば秩父事件の名前はふさわしくない。何よりもまずいのは、今日の秩父事件像が田代ら幹部たちの供述に基づいて作られているという点である。

秩父事件を描いた映画『草の乱』(二〇〇四年公開)はそれまでの秩父事件研究の集大成ともいう作品であった。しかし、その筋書きは田代供述とほとんど一致し、秩父事件を知りたければ、この映画を見なさいとばかり今も上映は続いている。また、DVDとなって販売されている。田代らの虚偽に満ちた供述の結果が「秩父事件」であるならば、この呼称はふさわしくない。田代ら幹部たちは、かつての同志や民衆に累が及ばないよう徹底して真実を隠している。真実から最も遠いところに追及の視線が行くようにしているのである。その結果が、「秩父の事件」「困民党による事件」なのである。したがって、これらは最も避けるべき呼称といえる。彼らは嘘で固めた供述で何を隠そうとしたのか。あるべき事件の名称はそこにこそ求められるべきなのである。

拙著『広域蜂起　秩父事件』において明らかにした蜂起軍の目的は「現政府ヲ転覆シ直チニ国会ヲ開ク革命ノ乱ナリ」であり、田代が供述で隠したことは「自由党」「対政府」「積極的軍事行動」「広域蜂起」「影の首謀者」などである。つまり、これらの要素を含んでこそ、事件の名称にふさわしいと思う。

## （3）「藤岡・秩父自由党事件」

田代が隠した対政府の軍事行動も、広域的な動きも当時の自由党の動きであり、自由党の名称を入れることがまずは最優先であろう。同時に田代が強く印象付けようとした「困民党による事件」、これも避けなければならない。したがって「秩父困民党による秩父事件」的な表現は厳に慎まなければならない。秩父事件には広域的動きがあり、群馬県新田郡、あるいは長野県南佐久郡などの動きもあるが、多くの動きは群馬県南甘楽郡や多胡郡、緑野郡であり、新田郡の新田騒擾事件も南佐久郡の動きも群馬県坂原村法久や群馬県神ケ原村との強い関係がみとめられる。そして、もうひとつ、田代栄助の背後に影の巨魁ともいえる人物の存在が明らかになった。この巨魁こそ小柏八郎治であり多胡郡上日野村の豪族である。

事件と関係の深いこれら三郡（緑野・多胡・南甘楽）の中心は藤岡町であり、坂原村や上日野村は現在の藤岡市の市域にある。本書の書題を「秩父事件」ではなく「藤岡・秩父自由党事件」としたのはその点にある。「群馬・秩父事件」「群馬・秩父自由党事件」など「群馬」を冠した名称も考えてみたが、この場合明治十七年五月に起こった群馬事件と十一月の秩父事件を一連の事件と捉える名称と混同される恐れもあるのでこれはふさわしくないと思う。「藤岡・秩父自由党革命事件」「藤岡・秩父革命事件」なども考えてみたのだが、迷うところがあった。事件に関する研究がさらに進み、合わせて名称についても議論が深まることを願っている。

この論集に収録した論文は過去三十年余の中でこつこつと発表、まとめ上げてきたものである。したがって論文中では、従来通り「秩父事件」「困民党」「困民党軍」などを使用しているが、了解いただきたい。

## (4)『論集　明治十七年十一月藤岡・秩父自由党事件』の狙い

『論集　藤岡・秩父自由党事件』は長期にわたって発表してきた論文に多少の加筆修正をおこない一冊に収めたものである。特に私も会員である秩父事件研究顕彰協議会が二年に一度の間隔で発行してきた会誌『秩父事件研究』には、多くの論文を掲載する機会をいただいた。そのため、各論文の中にはほぼ同様の表記で内容的にも重複する部分がある、例えば上日野村の有力者、小柏八郎治についての論文3と論文8の記述などである。本書を一冊の書物として、その流れを考えた場合は無駄な部分に感じられるかもしれないが、上述の通り個別に発表してきた元々は独立した論文である。それぞれの論文の狙いを尊重する意味からあえてそのままにしている。小柏八郎治の場合と同様、高山社や明巳会等の記述も各所にあるがご容赦いただきたい。

これら論文は、二〇二二年十二月に刊行した『広域蜂起　秩父事件』のもとになっている。同書は一つの流れとなるように編集したため、採用しなかった論文や内容的にそぎ落とさざるを得なかった部分もある。したがって『広域蜂起　秩父事件』を深く理解しようとしたとき、何か物足りなさや説明不足を感じる部分もあるのではないかと思う。本書は、この問題に対処するためのものでもある。

また、『広域蜂起　秩父事件』は「群馬が事件の中心である」のほかに、これまでの秩父事件像と違う、あるいはそれまで示されることのなかった多くの新しい見解を示している。「高山社社員も関係していた」「事件の首魁は小柏八郎治である」「本陣は崩壊していない」などである。これら多くの新見解に対して、同著は甚だ説明不足の感があったが、これを解消するのもまた、本書の狙いである。私の前著、『広域蜂起　秩父事件』と合わせて読むことにより、理解はより深まると思う。そして、「秩父事件」ではなく、なぜ「藤岡・秩父自由党事件」なのか、この理由についても理解・納得してもらえることと思う。

【本書を読むにあたって】

本書では多くの資料を引用掲載している。多くは末尾に引用書籍名を掲載しているが、書名ではなく資料名と数字、あるいは数字だけが記載されているものがある。これは『秩父事件史料集成』(二玄社)から引用したものである。初めの数字が巻数、次が頁である。

〈目　次〉

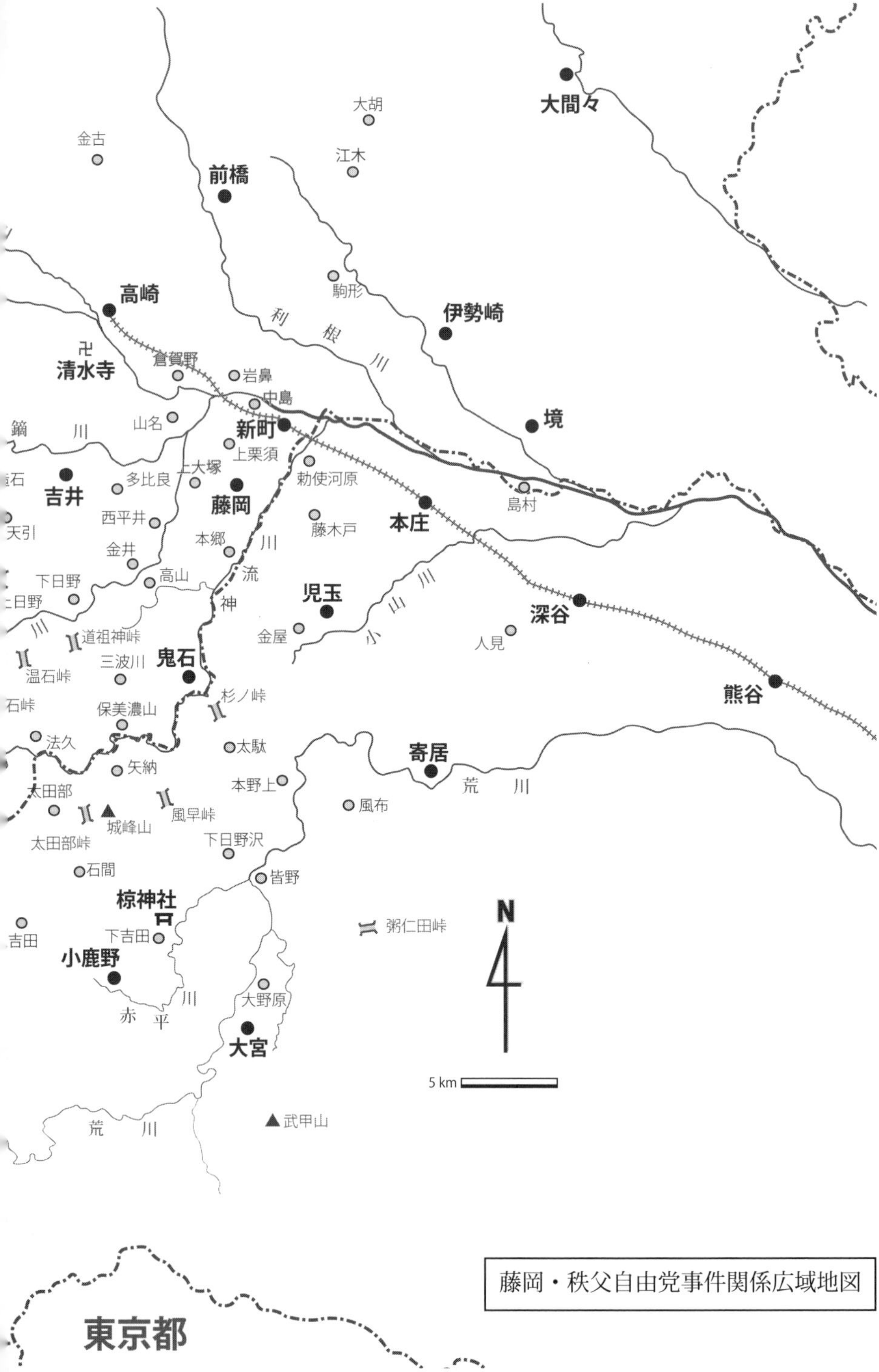


藤岡・秩父自由党事件関係広域地図

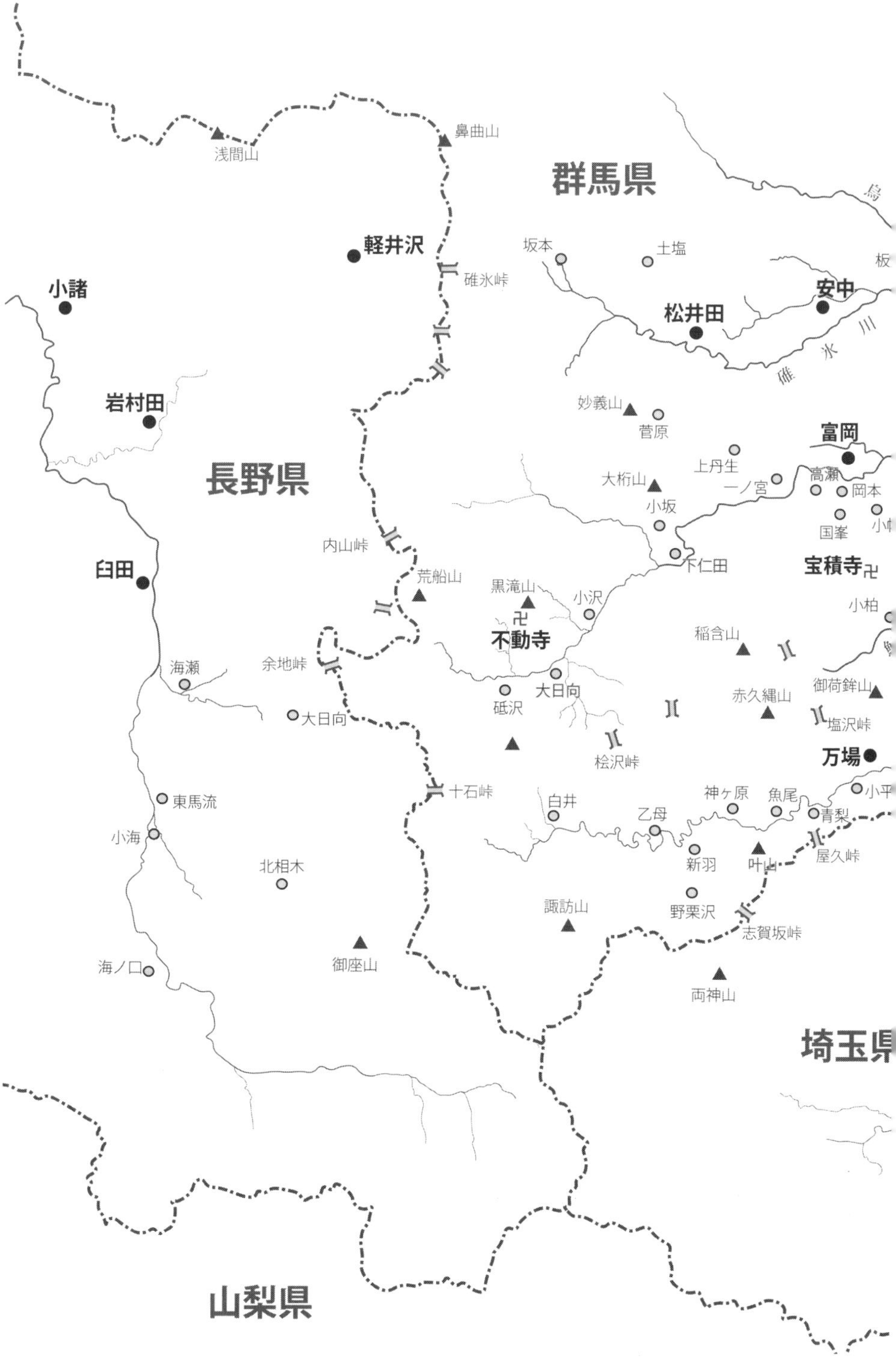
浅間山
鼻曲山
群馬県
軽井沢
碓氷峠
小諸
坂本
土塩
松井田
安中
碓氷川
岩村田
妙義山
菅原
富岡
長野県
上丹生
大桁山
一ノ宮
高瀬
岡本
小坂
国峯
内山峠
下仁田
宝積寺
臼田
荒船山
黒滝山
小沢
小柏
不動寺
稲含山
海瀬
余地峠
大日向
砥沢
御荷鉾山
赤久縄山
塩沢峠
大日向
桧沢峠
万場
十石峠
東馬流
白井
神ヶ原
魚尾
小平
乙母
青梨
小海
新羽
叶山
屋久峠
北相木
諏訪山
野栗沢
志賀坂峠
海ノ口
御座山
両神山
埼玉県
山梨県

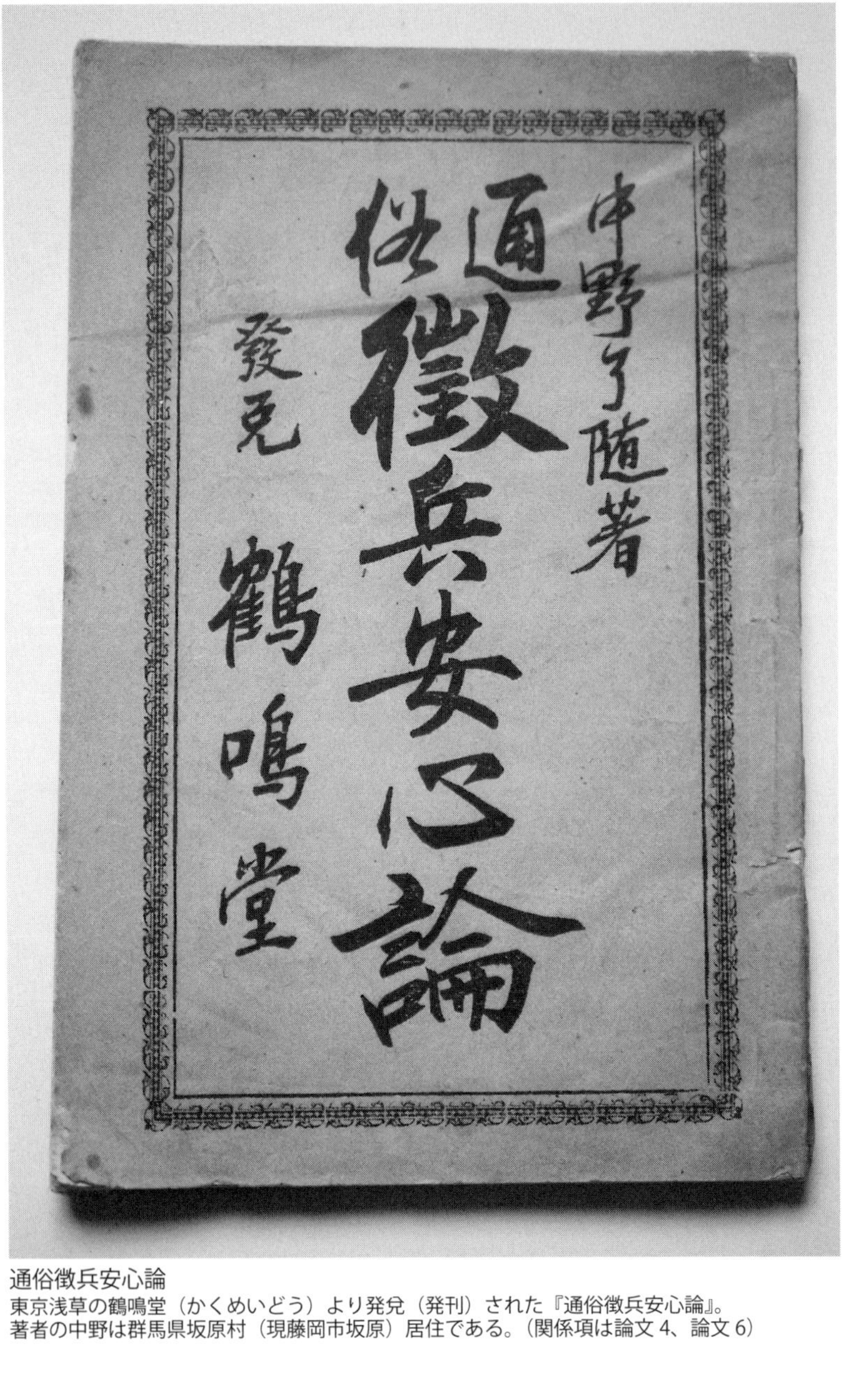


通俗徴兵安心論
東京浅草の鶴鳴堂（かくめいどう）より発兌（発刊）された『通俗徴兵安心論』。
著者の中野は群馬県坂原村（現藤岡市坂原）居住である。（関係項は論文 4、論文 6）

# 論文1　自由民権革命家　田代栄助

蜂起軍総理の田代栄助は、蜂起の目的は貧民の救済であり、攻撃の対象は高利貸しだという。しかし、一方「現政府を転覆し直ちに国会を開く革命の乱なり」という別の幹部の言葉も残されている。多くの資料を比較検討し、彼らの真の狙いを読み解く。そして本陣崩壊と東京進攻計画の謎に迫る。

## 1.「本陣崩壊」の疑問

秩父事件はわかりにくい。彼らは果たして何を目指していたのか。政府を転覆し立憲政治の確立を目指す戦いなのか、それとも悪徳高利貸し征伐を目指す困窮農民の戦いなのか、この根幹の部分がはっきりと見えてこない。自由民権運動中の最大の事件という評価がある一方、これを疑問視する意見もまた根強い。この評価を困難にしているもの、解り難くしているものの中心にあるのが、困民党総理の田代栄助の逃亡とそれに伴う困民党軍本陣の崩壊である。

明治十七年十一月一日に埼玉県秩父郡下吉田村、椋神社に決起した秩父困民党は、翌二日には郡都大宮郷（現秩父市中心街）を占拠、その日のうちに秩父郡のほぼ全域を確保、翌三日には平野部へ進出すべく、秩父盆地の出口ともいえる皆野町に進出した。この日まで、官側との戦いにすべて勝利し、三日の時点では困民党の勢いは最高潮を迎えていた。しかし、翌四日、総理の田代栄助は逃亡し、主だった幹部も本部を離脱して、本陣は崩壊するのである。その日深夜、残された困民党軍の主力は児玉郡金屋村に進出、軍隊と激突して敗北する。さらに残った人々は、秩父から群馬県、さらに信州へと戦いつづけ、十一月九日南佐久郡の東馬流、海の口で壊滅するのである。

椋神社狛犬

もろくも崩れ去った本陣と、逃亡した幹部たちの行動が、彼らの思想性と、事件の性格を象徴している。そのようにも判断されてきた。

しかし、本陣崩壊は秩父事件中の最大の謎である。この件をそのままにして簡単に評価を出すべきではない。また、その原因を作ったとされる田代栄助の逃亡についても、これを究明していかなければならない。

ところが、多くの著作で判断する限り、本陣の崩壊を謎としたものが多数あるものの、その引き金になった田代栄助の逃亡を疑問とするものはほとんど見当たらない。田代栄助の逃亡は、ほぼ定説となっているのである。本陣崩壊がなぞであるならば、栄助の逃亡もなぞであるはずである。本当に本陣は崩壊したのか。栄助は逃亡したのか。もし、本陣崩壊が崩壊でなく、別の意味をもった解体であったとしたら、そして、田代栄助も本陣を放棄していないとしたら。秩父事件は全く別の性格を持ってくる。まして、田代栄助が、逃亡ではなく、ある目的を持って、一時的に姿を消したのであるとしたら。そして、数名の幹部がそれを知っていながら、「総理の逃亡」を口にしていたとしたら。本陣の崩壊は、従来の謎ではなく、別の意味をもったはるかに規模の大きな謎へと変貌する。秩父事件は、今までの著作や論説で語られなかった新たな歴史的事件へと評価を一変するかもしれないのである。

栄助の供述について、井出孫六氏はその名著『秩父困民党群像』の中で次のように評している。「田代は秩父困民党総理にふさわしく、逮捕後拷問もまじえた厳しい取調べに対して、じつに堂々たる供述を行っている。すでに死を覚悟していた彼には、何のかくしだても必要ではなかったから、その供述はよどみなく前後にいささかの矛盾も見られない。」（同著P10参照）

この一節に代表されるように、これまでの栄助に関わる論稿は、ほとんどが栄助の供述を真とし、それに基づいて論を展開している。困民党総理を引き受けたときから死を覚悟し、そのとおり従容として刑を受け入れ死んでいった。そんな人物が死に臨んでうそなどを言うものだろうか。そんな先入観に囚われてでもいたのだろうか。どうも栄助の供述についての見方は甘い。ここに大きな誤りの出発点がある。

他の幹部と同様に、あるいはそれ以上に栄助の供述には多くの矛盾が見られる。報告書や記録、他の幹部の供述などとの矛盾、栄助本人の供述の中での矛盾等、そこには、供述を真実として断定しがたいさまざまな疑問点が存在する。

これらの矛盾に目を向けることなく、人物像を構築することは栄助本人だけでなく、事件像をも大きくゆがめてしまうことになる。先年、田代栄助個人に焦点を当てた本が出版され、初の本格的評伝として注目を集めた。しかし、実証的でありたいとして書かれたこの本もこの範疇から抜け出ていない。結局のところ、人物像をゆがめ、事件についても大きく的をそれた評価を下している。

栄助の供述には、たんなる記憶違いでは片付けられない重大な矛盾が満ちている。この矛盾が何ゆえ生じているのか。論を待つまでもないが、そこにこそ何か重要なものが隠されている。それこそ栄助が命を賭して守ろうとしたものなのではなかったのか。どこにどのような矛盾があるのか、その矛盾がなぜ生じたのか。そこに焦点を当ててこそ栄助の真の心に触れることが出来るし、人間像を読み取ることが出来るのである。秩父事件の真の姿もまた、そこに隠れているように思える。

## 2．田代栄助の実像を求めて

### （1）入党時期をめぐって

『自由党史』の中の群馬事件の項に次のような部分がある。

「此の際断然決行、以て革命の旗を挙げなば、庶幾《こいねがわ》くは奇功を収むるを得ん。即ちその策たるや、秩父の党友田代栄助、村上泰治に説きて兵を埼玉に挙げしめ、日を期して妙義山麓陣場ヶ原に集合し、一挙に富岡、松井田、前橋の三警察署を屠《ほふ》り、高崎分営を陥《おとしいれ》るにありと。…中略…

ここにおいて井上は小柏常太郎、新井某と共に秩父に赴き、党友を説いて共に兵を挙ぐるの任務に服し、湯浅は、野中、上野ら十余名と共に、五月十三日を以て陣場ヶ原に会するの檄文数十章を発し…」（『自由党史』下Ｐ23・岩波文庫）

群馬事件とは、明治十七年五月十五日、群馬県北甘楽地方の自由党員らが政府転覆を企図して蜂起したものの、結局同地方の生産会社である岡部為作家を取り囲み打ちこわしを行って、そこで終わってしまった事件である。群馬の一地方の事件として扱われている群馬事件ではあるが、ここに田代栄助の名前が登場することに注意しなければならない。自由党の党友として、同じく秩父の村上泰治と共に名前があげられているのである。

井上とは秩父事件の井上伝蔵ではなく茨城県人の井上桃介のことであるが、小柏常太郎とは小柏常次郎であり、新井某とは新井多六郎のことである。小柏と新井は秩父事件で組織構築段階から活躍する群馬の中心人物である。

自由党史の文面からは、田代栄助にどのような働きかけがあったのか、それが実際おこなわれたのか、計画のみで終始したのか。具体的なところは一切わからない。しかし、群馬事件の計画段階で、群馬の自由党組織の中に田代栄助の名前が知られ、これに働きかけがおこなわれようとしていた事は十分想像できる。

この動きと関係すると思われる秩父側の動きを、秩父事件で捕らえられたある農民は次のように語っている。

「答　十六年三月中自由党ニ加盟シ其後泰治ノ言フニ全国中自由党員ヲ募リ大勢ヲ以テ地租減租セラレン事ヲ政府ニ強願スルノ見込ミナリ

問　如何程《いかほど》減額ノ見込ナルヤ

答　百分ノ二（2％のこと）減額スル見込ナリト泰治言フ

問　秩父郡中自由党員一同強願スルノ筈《はず》ナリシヤ

答　一同其積《そのつもり》ナリヤ承知セス

問　然ラハ汝モ其積ナルヤ
答　其積ナリ
問　政府ニ強願スルハ減額之事ノミカ将《ま》タ数条アルヤ
答　強願ノ事ハ承知セリ　他ハ承知セス
問　強願ハ幾年《いくねん》頃ト言ヒタルヤ
答　明治二十三年国会開設之前ニ事ヲ挙ケサレハ事成就セサルノミナラス此間ニ堪《た》へ兼《かね》ルト言ヒタリ」（2．641）

村上泰治が照山事件で捕らえられるのは十七年六月、照山事件が起こったのが四月、事件発覚以後まともな自由党活動はできないであろうから、この農民が泰治の呼びかけ「全国中自由党員ヲ募リ大勢ヲ以テ地租減租セラレン事ヲ政府ニ強願スルノ見込ミナリ」を聞いたのはおそらく、明治十六年後半から十七年の四月までの間であろう。ここには「全国中自由党員ヲ募リ…」という、全国的な蜂起計画にも関連する重要な内容が含まれているが、この点はひとまず後に置くとして、群馬事件以前にすでに秩父側にもこのような動きがあったということであり、『自由党史』の「即ちその策たるや、秩父の党友田代栄助、村上泰治に説きて兵を埼玉に挙げしめ」の記述を裏付ける動きとも考えられる。

さて、ここで問題としなければならないのが、田代が自身の自由党入党の経緯について語った次の供述である。

「問　汝カ自由党ニ加入シタル当時ノ手続キハ如何

答　本年一月下旬カ二月上旬ト覚ユ下日野沢村浅見与市方ヘ客ニ招カレ飲酒ノ末同村村上泰次《ママ》ハ自由党員ニシテ当地方ニテ同員ニ加盟シタルモノノ氏名其他ノ事ヲ東京本部ヘ取次致ス趣伝承致シ居ル故自分モ同党ニ加盟セント浅見与市ヲ按内《あんない》ニ頼ミ泰治ヲ訪ヒ面会ノ上自由党ノ主義ヲ尋子《たずね》タル処…」（1．44）

「問　自由党員ニ加盟シタル后《のち》同党員ノ会議等ニ預カリタル事アルヘシ　如何

答　泰治ノ振舞ニ対シ憤懣《ふんまん》ニ堪ヘス　一旦ハ申込ミタルモノノ脱党シタキ心底故示来《じらい》同人ニ面会モセズ　又他ヨリ来リタル者モナク往キタル事モナシ」（1．45）

田代栄助は、一旦自由党に加盟したものの村上の高慢な態度に憤懣やるかたなく、脱党したい気持ちであったというのである。当然、その後村上とは会った事もなくまた他の党員との関わりも一切なかったと語っている。

もしも、これが真実であるとするならば、「秩父の党友田代栄助、村上泰治に説きて兵を埼玉に挙げしめ」という『自由党史』の中の群馬事件に関する記述は誤りということになる。

十七年一月末か二月の初め、入党はしたものの、以後全く自由党との関係を絶っていた、とすれば「秩父の党友」として、群馬との同時蜂起を期待される事などあり得ないのである。

先の『自由党史』に登場した小柏常次郎について、次のような供述がある。

「自分夫常次郎ハ昨明治十六年十二月頃自由党トヤラニ加ハリ本年三月中風ト家出シタル後偶々《たまたま》帰宅スルコトアルモ夫レヨリ不絶《たえず》諸方ニノミ徘徊致居リ…」（小柏ダイ供述　3．166）

「常吉（常次郎）ハ本年三月頃ヨリ秩父ノ方へ参リ居リタル故今度ノ事ハ相談セシニアラス」（新井寅吉供述　3．153）

二人の供述から、小柏が三月頃にはすでに秩父に入り、積極的に組織活動を展開していたことが分かる。

小柏常次郎は十七年二月から三月にかけて群馬県の上日野、下日野、三波川、天引村などで活発に党員獲得の運動を展開し、多数の人々を党に迎えている。秩父に来たとすれば、同様の働きをしたものと考えられ、党の活動以外の目的で秩父入りしたとは考えにくい。

また、これに関連して、加藤織平の供述の中に次のような興味深い部分がある。

「問　群馬県多胡郡上日野村小柏常次郎カ汝ノ宅へ参リシ事アル乎《か》

答　然リ　本年一月頃ト覚へ同村新井繁太郎ノ親戚ナル由　同人宅へ参リ其時同村ニ於テ

柔術ノ指南ヲナシ…

問　右小柏常次郎ヲ汝カ田代栄助ニ引キ合セタル事アリヤ

答　否《いな》　自分ニ於テ引合セタル事ハ決シテ無之　同人ノ話ニ依レハ自分ト面会セサル前ニ於テ同郡阿熊村ニ於テ面会シ困民救助ノ一条等相話シタル事ヲ自分ニ申聞ケタリ」（2．147）

加藤は、十七年一月頃、新井繁太郎の家で小柏に面会をしたこと。また、それ以前に小柏と田代栄助は、困民救助について話し合っていること等を供述している。田代と同様嘘の供述が目立つ加藤ではあるが、小柏ダイ、新井寅吉の二人の供述と合わせると、この部分には信憑性がある。入党はしたものの脱党したい気持ちが強く、ゆえに自由党とは一切のかかわりを持たなかった、とする田代の供述はやはり嘘である。

加藤は小柏との関係を柔術の関わりで言っているが、時期的には群馬県で積極的に党員を獲得していた時期と重なり、群馬での活動から推して、ここで小柏がのんきに柔術の指導に励んでいたとは考えられない。組織拡大のための何らかの工作をしていたと見るのが妥当である。あるいは、前述の農民の供述や自由党史に関連させて考えてみると、来るべき蜂起に向けた武闘訓練を行っていたとの見方も出来る。なお、小柏の居村上日野村と秩父地方は、県も違い大きく隔たっているようにも見えるが、一日で往復出来る距離である。頻繁に行き来しながら、組織を固めていたということは十分考えられる。

さて、入党して以後、自由党とのかかわりは一切なかったとする栄助の供述は嘘であることが以上のように証明されたが、とすると、その入党手続き時における、村上泰治との長々としたやり取りについての供述もうそということになる。

入党の意思で訪ねたにもかかわらず、そこで自由党の主義を尋ねたり、「愚弄ス亦甚シ老年ノ自分ニ対シ大声詩吟スルハ何等ノ意ナルカ」（1．45）と憤ったその相手の吟じた詩の一節をおぼえているなど、ここでも不自然さが目立つ。この場面は、入党後の自らの活動と党との関わりを隠蔽するためのうそであろう。ここでは、村上と田代の信頼関係の存在をこそ疑ってみなければならない。

また、田代は困民党への参画を九月六日としている（第一回尋問）が、この点については小柏も加藤も違うことを言っていて信用できない。

下小鹿野村の小菅万吉の供述に次のような部分がある。

「本年旧暦七月十三日則新暦九月二日村内ニ芝居興行有之《これあり》其時大宮郷ノ田代栄助石間戸《いさまど》村ノ鍛冶屋総作《坂本宗作》国峰村ノ恩田宇一《遠田宇市》等カ申聞ケル事カアルカラ秩父郡黒街道《海土》ノ寺江出ヨト云フニ付罷

出タル処田代栄助カ今度借財ノアルモノハ凡テ年賦ニナル様ニスルカラコチラヨリ沙汰ノアル時ハ何時ナリトモ出ヨ…」（１．６４０）

ここでは、坂本宗作、遠田宇市等の幹部の中に田代栄助も居て、「今度借財ノアルモノハ凡テ年賦ニナル様ニスルカラ…」と語ったという事が述べられている。ここでは田代が三人の中でも中心にいるようにも読みとれる。九月の初めの段階で、田代栄助は組織活動の中心にいて、困民党の組織を作る運動を展開していたのであろう。これよりもかなり以前から困民運動に関わっていたと見なければならない。

もっとも、本人が群馬事件への関与を意識していたとするならば、活動の表面に出るのは控えるのが当然であり、坂本宗作、高岸善吉、落合寅市ら他の困民党の幹部に比べ目立った活動が見られないのはその様な理由からなのかも知れない。

## （2）田代栄助の思想

田代の人物像を明らかにするために引用されるのが井出為吉の次の供述である。

「菅平《菊池貫平》ト共ニ十月廿七日居村出発十月廿九日秩父郡下日野沢村ニ至リ田代栄介《栄助》ニ面会スルニ同人等ハ借金党ニシテ大尽《だいじん》ヨリ借受ケタル金円ノ据付《すえつけ》ヲ迫リ場合ニヨレハ大家ヲ潰ス積リト申

ニ付左様ノ儀ナレハ自分等ハ帰国セント答フルニ栄介曰ク　此場合ニ至リ仮令《たとい》外人タリトモ返ス事ハ不相成《あいならず》ト申スニ付」（3．944）

これをそのまま鵜呑みにして解釈するならば、田代は民権運動とは無縁の借金党のリーダーということになる。

まず井出の供述の真偽を確かめなければならない。

為吉の供述では「同人等ハ借金党ニシテ大尽ヨリ借受ケタル金円ノ据付ヲ迫リ場合ニヨレハ大家ヲ潰ス積リト申ニ付左様ノ儀ナレハ自分等ハ帰国セント答フル」とある。つまり為吉は、自分たちは借金党ではない、したがって「金円ノ据付ヲ迫リ場合ニヨレハ大家ヲ潰ス」行為になど参加できないといっているのである。ところで、菊池貫平は捕虜にした土木技師に次のように語っている。

「十一月一日全国尽《ことごと》ク蜂起シ現政府ヲ転覆シ直《ただち》ニ国会ヲ開クノ革命ノ乱ナリ」（4．99）

この貫平の言葉と為吉の供述には大きな隔たりはない。したがって、二人は「現政府ヲ転覆シ直ニ国会ヲ開クノ革命ノ乱」に参加する目的で秩父にやってきたのである。では「同人等ハ借金党ニシテ…」の部分はどうなのだろうか。

十一月三十一日城峰神社で困民党の一団に捕捉された陸軍測量師の吉田耕作は、仲間に加わるよう迫られ、その時暴徒の巨魁が語った内容を次のように報告している。

「巨魁曰《いわく》…第一高利貸ニ其他金主方ヨリ曽《かつ》テ借入レタル金額ヲ無利息三十ヶ年据置地方税延期願学材費ノ減少等ノ件ナリ之レ等ノ件々ヲ先般郡役所へ請願ニ及ヒシ処一切採用セス加ルニ戸長役場ヨリハ日々納金ノ督責《とくせき》ヲ受ケ又金主方ハ火ノ付ク様ニ催促セラレ困民共一同殆《ほと》ント当惑致シ先キ頃種々評議ノ末巳《すで》ニ干戈ニ訴ントマテ決セシモ吾々八方説諭ヲ加へ今日迄取静メ来リシモ最早人民困窮ニ陥入リ切迫ノ余リ遂ニ該《かぬ》ル暴挙ニ成リ行キタリ　右ニ付信甲ノ各地ヘモ飛脚ヲ差出シ置キタレハ追々同勢モ来着スヘシサスレハ味方ニ大ニ勢力増シ又帰スル者モ多カラン而《しか》ルニ現時ノ所ハ先《ま》ツ秩父郡一円ヲ平均シ応援ノ来着ヲ竢《まっ》テ本県ニ迫リ事成ルノ日ハ純然タル立憲政体ヲモ設立セント欲ス」（４．９６４）

この巨魁とは田代栄助のことである。前半の内容は、高利に苦しんで居ること、願いが悉く却下されたことなど、蜂起に至る理由を述べているが、後半部で「純然タル立憲政体ヲ設立セント欲ス」と述べていることに注目しなければならない。田代栄助は、明確に立憲政体の確立を目指すと語っているのである。

立憲政体の設立を説く田代栄助と「同人等ハ借金党ニシテ…」という為吉の供述の中の田代とは全く異なる。この矛盾をどうとらえるべきなのか。

つぎの資料は、小鹿野町祠官泉田瑲美の報告である。警察の密偵を務めていた泉田は、田代から直接聞いた内容を次のように報告したのである。

「十月十七日瑲美田代栄助宅へ往キ自由党へ加盟ヲ請ヒ他ニ同盟者アルヲ告ク栄助曰ク一時故アリテ解散セシメタリ而テ金策ノ方法ヲ立貧民党へ檄文ヲ発スルノ計画ナリト云十月廿一日栄助瑲美ノ宅へ来リ告テ曰ク貧民党ハ来ル廿六日小魁タル者集会シ廿八日一般ニ嘯集《しょうしゅう》スルノ目的ナリ…群馬県南北甘楽郡ト気脈ヲ通シ彼党我ニ先チ発シテ岩鼻監獄ヲ破リ而シテ囚徒ヲ同盟セシメ岩鼻火薬庫ヲ破リ弾薬ヲ奪掠《だつりゃく》シテ暴発スルノ軍略ト云然ル後ハ東京ヨリ憲兵隊或ハ兵隊ノ来ルアルハ必然タリ其留守ノ空虚ヲ窺《うかがい》ヒ東京へ更ニ暴発スルト云」（小鹿野町祠官泉田瑲美廿六日夜小鹿野町旅舎に於て石井警部以下五名の警部警部補の面前において密告するを雨宮警部の傍聴せる筆記の写書・秩父暴動始末三　4．351）

この報告は立憲政体の文言はないものの明確な軍事行動に関するものであり、陸軍測量師の吉田耕作の報告にある立憲政体の樹立に関する部分と共通する。井出の供述の虚偽を疑わなければならないのである。なお、陸軍測量士の報告にある「立憲政体」の文言は、民権活動家の井出や菊池貫平の影響を受け俄かにその知識を身に着けた田代がその場で発した言葉であるとの説もあるようだが、密偵泉田の報告によってこれは完全に否定される。

ここでは、陸軍岩鼻火薬製造所を襲撃目標としていること、東京から軍隊を引きだし、その隙に東京で暴発することなどが語られている。田代は政府転覆に向けたかなり具体的な軍事的構想を持っていたのである。

「同人等ハ借金党ニシテ大尽ヨリ借受ケタル金円ノ据付ヲ迫リ場合ニヨレハ大家ヲ潰ス積リト申ニ付」との井出の供述は、自らが所属する自由党への追及をかわすための嘘と考えるべきである。遠く信州から菊池や井出が秩父まで来たのは、「現政府ヲ転覆シ直チニ国会ヲ開ク革命ノ乱」に参加するのが目的であり、田代栄助ら秩父困民党の人々がこの構想を持っていたからである。

さて、吉田耕作の言う「先ス秩父郡一円ヲ平均シ応援ノ来着ヲ待ッテ本県ニ迫リ事成ルノ日ニハ純然タル立憲政体ヲ設立セント欲ス」という言葉について、吉田はこの人物を暴徒の巨魁とのみ言っており、したがって田代栄助ではないのではないか、これはそこに同席していた井出為吉の言葉ではないかとする見方もある。しかし、この場面に関しては小柏常次郎も次のように供述している。

「又栄助ヲ始メトシテ子分十五六名カ陸軍測量師ヲ上席ニ据ヘ栄助カ測量師ニ対シ今度困民ヲ救ワンカ為メ大勢ニ而県庁ニ押出サント欲スル義ニ付大将ヲ要スレハ是非サイハイヲ取ッテ貰ヒタイト迫リ居ルニ出会シタリ」（3．177）

したがって、これは田代自らが発した言葉と見てよい。
ここでまた栄助の供述に戻る。

「問　然ラハ汝カ九月六日新井駒吉方ニ至リ七日ニ高岸善吉方ニ至リ議決シタル四ヶ条ハ自由党本部ヨリ出テタルモノナルヤ
答　秩父郡中石間村上下吉田村日野沢村ノ自由党員ノ目論見タルモノニテ本部ヨリ出タルモノトハ心得ス　本部ノ目的ハ他ニアラント思惟セリ
問　本部ノ目的ハ何ト思フヤ
答　自分ガ推スル迄ニテ目的ノ何タルヲ知ラス　其目的ヲ御尋ナレハ村上泰治及井上伝蔵ハ常ニ本部へ出入致シ居リタル趣キニ付同人共ヲ御訊問アラハ明了スル所アラン」（1．46）

「七日ニ高岸善吉方ニ至リ議決シタル四ヶ条」とは栄助が供述した次の4か条をいう。

「一　高利貸ノ為身代ヲ傾ケ生計ニ困ムモノ多シ　依テ債主ニ迫リ十ヶ年据置キ四十ヶ年賦ニ延期ヲ乞フ事
一　学校費ヲ省ク為三ヶ年間休校ヲ県庁へ迫ル事
一　雑収税ノ減少ヲ内務省へ迫ル事
一　村費ノ減少ヲ村吏へ迫ル事　」（1．34）

この四か条は自由党本部より出たものかとの追求を、「石間村上下吉田村日野沢村ノ自由党員ノ目論見タルモノ」とかわし、さらに本部の目的は何と思うやの追求に対しては、「目的ノ何タルカヲ知ラス其目的ヲ御尋ナレハ…」と逃れている。

入党を申し込んできた泉田琿美に一斉蜂起の計画を熱く説き、吉田耕作に対しても立憲政体樹立の方針を語って同心を求めた田代が、自由党の方針を知らぬはずがない。全くのごまかしである。

田代への追求は次のように続く。

「問　自由党員中当郡中ニ重立チタルハ井上村上ノ外ナキカ如ク申立ツルモ井上伝三《伝蔵》ノ上ニ
　立テ汝ハ総理トナリタルニアラスヤ

答　自分総理ニ推サレタル次第ヲ申述フヘシ　自分生来強ヲ挫キ弱ヲ扶クルヲ好ミ貧弱ノ者便リ来ル時ハ附籍為致《ふせきいたさせ》其他人ノ困難ニ際シ中間ニ立チ仲裁等ヲ為ス事実ニ十八ヶ年間子分ト称スル者二百有余人　今般井上伝三等ノ目論見《もくろみ》タル四ヶ条ハ貧民ヲ救フノ要用ナルヲ信シ同意ヲ表シタル処総理ニ推サレタリ」（1・46）

田代栄助尋問調書中、追及の最も厳しい部分であるが、ここでは自由党の事には一切触れず、いわば任侠道の世界とでもいうべき立場から総理を引き受けたとごまかしている。「自分生来強ヲ挫キ弱ヲ助クルヲ好ミ」「子分ト称スル者二百有余人」などを強調し、自由党とは無関係であることを印象付けようとしているが、第一回尋問の中で「今三十日間ノ猶予モアラハ埼玉県ハ申スニ及ハス群馬県長野県神奈川県山梨県ノ人民一時ニ蜂起スルハ必然ナリ」と、一斉蜂起への期待を語っているのである。何をいまさら隠そうとしているのかとの率直な感想も持つが、栄助には深遠な理由があったのである。この点については後述したい。なお、先に紹介した入党に関わる部分と同様、ここでも多くの研究者が田代の虚構に騙され、ゆがんだ人物像を作り上げてしまったことは残念である。いずれにしても自由党員であったからこそ、確固とした革命構想を持ち得ていたからこそ、田代は総理になったのである。

## 3．蜂起が目指したもの

次の資料は、いずれも蜂起の目的にかかわるものである。

「近年農方一般疲弊ヲ極メ難渋ニ付自由党ノ総理板垣退助ト申ス者大坂《阪》ニ在テ全国ノ人民ヲ救ノ為メ事ヲ起シ諸所方々ヨリ一時ニ騒立高利貸ヲ潰シ租税向等モ減少スル様ニ相成ル筈ニテ秩父郡ニテハ本月一日ヲ期シ人民騒立候ニ付同所へ赴キ模様ヲ見来リ群馬県ニ於テモ続イテ騒立ル積リニ付秩父郡ノ模様見ニ可参《まいるべし》ノ勧メニ依テ…」（上日野村から参加した農民の供述、3．127）

「先ツ《まず》秩父郡一円ヲ平均シ応援ノ来着ヲ竢テ《まって》本県ニ迫リ事成ルノ日ハ純然タル立憲政体ヲモ設立セント欲ス」（十月三十一日、田代らに捕捉された陸軍測量士吉田耕作の顛末書中の田代の話し。4．964）

「総理板垣退助ノ命ニ依リ各地ニ散在セル自由党員拾万人カ十一月一日ヨリ三日間ニ暴発各

県庁警察署監獄署ヲ打毀シ自由政事《政治》トナシ租税百分一《一％》トナス趣申諭《もうしさとし》別紙ノモノ共同意シ」（秩父と同日に蜂起した新田騒擾事件を調査した桜井警部は逮捕者が語った事柄を報告書した。5．345）

「十一月一日ヲ期シ日本国中何処《どこ》トナク一起シテ大戦争カ始マル手筈《てはず》故自分共ハ夫レカ為メ当地へ来リシニ…」（木戸為三供述・菊地貫平が木戸に語った内容を供述している。2．343）

「今般自由党ノ者共、総理板垣公ノ命令ヲ受ケ天下ノ政事ヲ直シ、人民ヲ自由ナラシメントト欲シ、諸民ノ為ニ兵ヲ起ス…」（田中千弥・『秩父暴動雑録』、十一月一日、坂本宗作率いる一隊が駆り出しの際、住民に呼び掛けた言葉を記録している。6．85）

「貧民党ハ来ル廿六日小魁タル者集会シ廿八日一般ニ嘯集《しょうしゅう》スルノ目的ナリ…群馬県南北甘楽郡ト気脈ヲ通シ彼党我ニ先チ発シテ岩鼻監獄ヲ破リ而テ囚徒ヲ同盟セシメ岩鼻火薬庫ヲ破リ弾薬ヲ奪掠《だつりゃく》シテ暴発スルノ軍略ト云フ然ル後ハ東京ヨリ憲兵隊或ハ兵隊ノ来ルアルハ必然タリ其留主《るす》ノ空虚ヲ窺《うかがい》ヒ東京へ更ニ暴発スルト云」（小鹿野町祠官泉田瑚美が二十六日夜小鹿野町寿屋に於て石井警部以下五名の警部警部補の面前において密告した内容を雨宮警部が筆記したものの写し書

き・秩父暴動始末三　4．351）

これら資料から彼らが何を目指していたのか明確に理解することが出来る。彼らの目的は「天下ノ政事ヲ直シ、人民ヲ自由ナラシメ」、「立憲政体ヲ設立」し、「自由政治ヲ実現」することである。その手段が「十一月一日ヲ期シ日本国中何処《どこ》トナク一起シテ大戦争」することであり、「各地ニ散在セル自由党員拾万人カ十一月一日ヨリ三日間ニ暴発」することであり、「岩鼻火薬庫ヲ破リ弾薬ヲ奪略《だつりゃく》シテ暴発」することである。彼らは明確に政府転覆、政治改革を目指して蜂起したのである。

ここで見落としてはならないことがある。それは、これらの資料には幹部が自ら語った言葉がないことである。多くは、困民党幹部の言動を記した報告書や日記などに記されたものであって、尋問の中で幹部が自ら供述したものは一つもない。尋問において語られたものとして、木戸為三と上日野村の農民のものがあるが、これも幹部から聞いたこととして述べているだけである。

幹部たちはなぜ、自ら政府転覆の方針を、そして立憲政体の樹立を尋問の場で語らなかったのか。これら資料と幹部たちの供述の矛盾にこそ、眼を向けなければならない。ここに重要な鍵が隠されているのである。

蜂起の目的について、尋問の中で幹部たちがどのように述べているか見てみたい。次の通りである。

田代栄助
「我等ノ目的ハ当秩父郡中高利貸ノ為メ身代限リヲ為ス耳《のみ》ナラス目下活路ヲ失シ一家離散ノ場合ニ立至リ其惨状見ルニ忍ヒサルヨリ我々有志者申合貸金ハ十カ年据置四十カ年賦延期ヲ債主ヘ迫リタルモ不聞入《ききいれざる》ヨリ債主ヘ御説諭ノ儀再度警察署ヘ願出タルモ御採用無之ニ付学校費ヲ省ク為メ三ヶ年間之休校雑税ノ減少等ヲ強願スルノ目的ナリ」（1．37）

加藤織平
「問　汝等カ今般ノ暴挙ヲ為セシ主タル目的ハ何レニアリシヤ
答　高利貸ヲ倒シ負債者ヲ救助スルノ目的ニ外ナラス
問　然ラハ何故ニ警察官吏ニ抵抗シ分署警察署等ヲ破壊シ官吏ヲ生擒セシヤ
答　他ノ党類ノ目的ハイザ知ラズ官吏ニ抵抗シ警察署等ヲ破壊シタル点ヨリ見ル時ハ何ニカ他ニ目的アッテ為シタルモノノ如クナレ共自分ガ暴徒ニ同盟セシ精神ハ全ク高利貸

ヲ倒スノ一念ニテ他意ハ少シモ無御座候《ござなく》」（2．145）

柴岡熊吉

「然ニ昨今諸物価ハ下落シ秩父郡中ノ人民高利貸ノ為メ非常ニ困難貧者ハ益《ますます》極貧ニナリ高利貸ハ益利欲ヲ逞《たくまし》フシ其惨状見ルニ忍ヒス　因《よっ》テ身命捨困民ヲ救フニ尽力スルモノト決シ田代栄助等ト共々相謀リ暴徒ヲ起シタル次第ナリ」（1．21）

新井周三郎

「自分ハ元来百文ノ借銭アルニアラサレ共村民等ノ困難ヲ目ノアタリ傍観スルニ忍ヒス於《ここにおいて》是乎或日《あるひ》石間村ニ至リ折平等ト談合致居タル処追々ニ村民等聚合シ別ニ是レト申ス決議モナク自然事ヲ起スニ至リタリ」（2．968）

「惨状見ルニ忍ヒサルヨリ…強願スルノ目的ナリ」「高利貸ヲ倒シ負債者ヲ救助スルノ目的ニ外ナラス」「其惨状見ルニ忍ヒス…暴徒ヲ起シタル次第ナリ」「村民等ノ困難ヲ目ノアタリ傍観スルニ忍ヒス…自然事ヲ起スニ至リタリ」

これが、尋問に対し、幹部たちの主張した目的である。先に紹介した一連の資料とこれら供述のなんと隔たっていることだろうか。

加藤織平の尋問調書にも柴岡熊吉、新井周三郎のそれにも、政府転覆はおろか自由党の文字さえも出て来ない。事件当時の貴重な記録となっている矢尾日記には柴岡熊吉が自由党幹部の肩書きで店を訪れたと記録されている。しかし、柴岡は自由党はおろか困民党にさえも加盟していないと最後までしらを切りとおしている。彼らは、明らかに真の目的を隠しているのである。

## 4．第五回尋問調書を読む

全体的に不審な点の多い田代栄助尋問調書の中でとりわけ矛盾が目立つのが第五回の尋問調書である。その矛盾点のいくつかを挙げてみたい。

「一旦ハ申込ミタルモノノ脱党シタキ心底故示来《じらい》同人ニ面会モセズ　又他ヨリ来リタル者モナク往キタル事モナシ」（1．45）

この資料は先に紹介したが、田代はこのように自由党に入党はしたものの、その後は党とのかかわりは一切なかったと供述している。しかし、一方で次のようなことも述べている。

「本年十月十七八日頃ト覚へ　自分ハ他用ニテ小鹿野町へ出張中柴岡熊吉来リ大宮郷西野清明ナル者自由党員中有名ノ弁士一人ヲ東京ヨリ聘《へい》シ来リ本夜ヨリ演説会ヲ開クニ付疾《はや》ク来リ聴聞ス可シト申スニ付」（1．45）

ここでは、柴岡熊吉が小鹿野町まで来て、田代に自由党の演説会への出席を促したことを供述しているのである。

はじめの供述どおり、脱党したいとの気持ちで党との交流を全く断っていたとするならば、柴岡が大宮郷から小鹿野町までわざわざ呼びに来ることはない。日頃から党との付き合いがあればこそ、田代を誘いに来た、と見るのが自然である。また、次のような部分がある。

「問　汝ハ秩父郡中ノ貧民ヲ救フノ目的ニ出テタリト申立ツト雖《いえど》モ群馬県長野県神奈川県等ヨリ態々《わざわざ》来リ共ニ事ヲ謀リタルニアラスヤ　然ラハ何ソ秩父郡中ニ限ルヲ得ン」（1．46）

これは、秩父困民党と各地組織との広汎な連携を感じ取った警察が、その実際を追及した場面である。これに対して、田代は次のように答える。

「群馬県小柏常次郎（当郡中ニ親族アリ）堀口幸助ハ三ケ年以来当郡中ニ入込ミ代書ヲ為シ居リ神奈川県柏木太郎吉ハ博徒ニシテ加藤織平方ニ久敷《ひさしく》出入致シ居リタルモノナレハ共ニ当郡中

ノ人民ト見做《みな》居レリ」（1．46）

ここでは、群馬県の小柏と堀口について、「当郡中ニ親族アリ」のため、あるいは「三ヶ年以来当郡中ニ入込ミ代書ヲ為シ居」るために秩父にいる者たちであり、したがって彼らを「共ニ当郡中ノ人民ト」見做していたのだとしている。蜂起に際し、これに加勢のため秩父入りしたのではないと否定しているのである。

第一回の尋問では「常次郎ハ他管下ニ来リ巳《すで》ニ六十日モ滞在前途ノ目的モ定マラサルニ頻《しき》リニ村民ヲ煽動シタルヨリ」（1．35）と、「他管ノ人物」であることを強調しているのである。残念なことに、警察はこの明確な矛盾を追及していない。

小柏らに続き警察は長野県から来た二人について次のように問う。

「問　菊地管平《菊池貫平》井出為吉ハ十月三十日初ニ参リ共ニ暴挙ニ加入シタルニアラスヤ」（1．47）

蜂起直前に秩父に来たのであれば、当然「他管の人物」である事を認めなければならないところだが、これに対して栄助は

「此両人ハ何等ノ目論見《もくろみ》アリタルモノナルヤ自分ハ一向存シ不申《もうさず》」

とかわし、これだけでは不足と考えたのか、さらに次のように付け加える。

「去リナカラ自分ノ推スルニ菊地井出ノ両人ハ信《真》ニ秩父郡ノ一揆ニ加擔《加担》スルモノニアラス

幸ヒ当郡中ニテ兵ヲ挙ケタル上ハ之ヲ率ヒ長野県へ繰込ム了簡《りょうけん》ニ出テタルモノナランカ」

結局、「他管の人物」ではあるが、「真ニ秩父郡ノ一揆ニ加担スルモノニアラス」として、この二人の参加が秩父と連携してのものであることを否定しているのである。

田代は、第一回の尋問においては次のように述べている。

「今三十日間ノ猶予《ゆうよ》モアラハ埼玉県ハ不及《もうすにおよばず》申群馬県長野県神奈川県山梨県ノ人民一時ニ蜂起スルハ自然ナリ　然ル時ハ飽迄《あくまで》暴威《ぼうい》ヲ逞《たくまし》フシ減税ヲ政府へ強願スルモ容易ナラン」（1．35）

この様に田代は各地の組織と連携しての蜂起を意図していたのである。二人の参加は、心強い支えになったはずである。また、

「当地方ハ東京へ接近致居ル故一旦信州へ引揚ケ更ニ大兵ヲ挙ルノ目的ナリ」（1．35）と自らも信州への転戦の方針を語っている。

これらの点から考えて、

「問　汝ハ秩父郡中ノ貧民ヲ救フノ目的ニ出テタリト申立ツト雖《いえど》モ群馬県長野県神奈川県等ヨリ態々《わざわざ》来リ共ニ事ヲ謀リタルニアラスヤ　然ラハ何ソ秩父郡中ニ限ルヲ得ン」（1．46）やこれに続く問いに対する田代の陳述は嘘である。

群馬県多胡郡の小柏常次郎、渋川の堀口幸助、神奈川の柏木太郎吉、信州南佐久の菊池貫平

と井出為吉…、かれらは皆秩父困民党に協力する目的で「他管」より秩父に来たのである。

このようにこの回の栄助の供述は偽りに満ちている。入党をめぐっての村上泰治と栄助のやり取りの疑わしさについては先に述べた通りである。ではなぜこの回に矛盾が集中しているのであろうか。

全体的な感じとして、この回は追及が急であり、尋問に鋭さを感じる。第一回が「本日ハ爰《ここ》ニテ訊問ヲ止メ明日親シク訊問セン」（1．35）と終わったのとは大きく違い、緊迫したやり取りがある。厳しい追及に対し、栄助の必死の防戦という展開である。

主な問いを取り出して並べてみると次の通りである。

問　汝ハ政党ニ加盟シタル事アリヤ

問　汝ガ自由党ニ加入シタル当時ノ手続ハ如何

問　自由党員ニ加盟シタル后同党員ノ会議等ニ預リタル事アルヘシ　如何

問　是等ノ者ハ何レモ自由党員ナルヤ

問　七日ニ高岸善吉方ニ至リ議決シタル四ヶ条ハ自由党本部ヨリ出タルモノナルヤ

問　本部ノ目的ハ何ト思フヤ

問　自由党員中当郡中ニ重立チタルハ井上村上ノ外ナキカ如ク申立ツルモ井上伝蔵ノ上ニ立テ汝ハ総理トナリタルニアラスヤ

このように追及は自由党との関係に集中する。ちなみに栄助の尋問調書一回から六回までの中で「自由党」の文言が出てくるのは、第五回のみである。他の回においては一度も出てこない。つまり、多くの矛盾を露呈した供述の背景は「自由党」である。

自由党との関係の追及こそが田代を動揺させ、追い詰めたのである。第一回の尋問で、つい心ならずも一斉蜂起を口にしてしまったそれとはまったく違う状況が第五回にはある。明確に自由党との関係に不審を抱き追及してきているのである。田代は、いくつかの事実は認めつつも肝心な部分はごまかし、隠し通した。

すべてを否定しては却って疑惑を大きくしてしまう。入党の事実を認めたのはそのためである。多くの矛盾は自由党にかかわる肝心な部分を隠すために生じたものである。

田代は全くの防戦体制であったが、警察の準備不足に助けられた。多くの矛盾を露呈にもかかわらず、追及は中途半端なものとなり、肝心なことを守り通すことが出来た。

したがって、第五回の尋問調書において、真実の多くは供述の裏側にある。栄助は、自由党の目的も明確に理解し、本部とのつながりも持ち、各地との連携も考えていたのである。これらを隠した結果としての矛盾である。

このような尋問の流れと局面に気づくことなく、矛盾点をも無視して、これら供述をそのまま人物像を作り上げるのは大変な誤りである。

「自由民権思想を解さない人物」、「任侠の世界に生きる博徒」などの栄助像は、実像から最も遠いところにある虚像といってよい。

また、矛盾する供述の中に揺れ動く心情を見て、人間田代栄助に共感する研究者もいるようだが、とんだ片思いと言わざるを得ない。田代の信念は揺れていない。壮大な構想を隠すために生じた矛盾である。見なければならないのは、なぜそのように言わなければならなかったのかということであり、供述の裏側である。もしも、人間田代栄助を書きたいならば、逮捕されてもなお闘い続け、最後まで隠し守り通した不屈の姿ではないのだろうか。

## 5．皆野への進軍を考える

郡都大宮郷を占拠した困民党軍は三日、早くもここを放棄し皆野町に進軍する。この進軍についての評価がまた、大きく揺らいでいる。

栄助の供述は、次の通りである。

「一手ハ加藤織平甲大隊長新井周三郎…竹《武》ノ鼻渡ヲ越へ…惣勢五百人計ニテ固テ一手ハ乙大隊長飯塚森三《もりぞう》之ヲ率ヒ大野原村地内愛宕神社へ向ケ出発…然ル処同三日午前九時頃憲兵隊及巡査大勢吉田村へ繰込ミタルニ付甲隊ハ竹ノ鼻渡ノ固メヲ解キ吉田村ノ方へ向ケ出発シタリトノ報知アリ　続テ秋原勘次来リ云　中山道熊谷駅ニテモ一揆起リ…熊谷駅迄ノ通路安全ニ付乙兵ハ大野原村ヲ発シ…」（1．43）

田代は、甲乙両部隊が総理の指揮を離れ勝手に移動してしまったのだという。軍主力に置いてけぼりを食った田代はやむなく、気の進まぬまま本部を移動したというのである。

しかし、この点に関して柴岡熊吉は次のように言う。

「翌三日大宮神社森ニ於テ勢揃ヒヲナシ総理之達シニハ皆野邨へ追々官兵押寄セラルル様子ニ付本日ハ一同皆野村へ陣取リ速ニ出兵セヨトノ指揮ニ依而《よりて》同日午前八時頃大宮神社ヲ出発一

同皆野村へ出陣セリ」（1．15）

二人の供述はまったく異なる。柴岡は「総理ノ達シニハ皆野郤へ追々…」と、田代の命令で軍を進めたと供述しているのである。

十一月三日午後、実際に憲兵隊は親鼻対岸に到着し、ここで銃撃戦が展開された。結果は、憲兵隊側に弾薬の不備があってすぐに撤退したため、あっけなく困民党軍の側の勝利となった。急遽出動してきた憲兵隊は装備の銃と弾薬が合わなかったのである。憲兵隊側は案内役として一緒にいた警官隊の短銃で応戦したという。この戦いは、困民党軍が河岸に防衛線を敷いていたところに官軍がやってきて、そこで戦いになったという構図である。田代と柴岡、どちらの供述が正しいかといえば、熊吉のほうに理があると見てよいだろう。憲兵隊の弾薬の事情など知る由もない蜂起軍にしてみれば大勝利であった。

甲隊の動きであるが、田代は武ノ鼻の防衛の任務を放棄して勝手に移動してしまったといっているが、この甲隊は三日の夕刻には大渕村に到着している。大渕村は荒川を挟んで皆野の対岸に位置する。共に、秩父盆地の最下流部に位置し、秩父盆地から平野部への出口に位置している。困民党軍のほぼ全軍がここに集結したのである。勝手に行動したにしてはおかしな結果である。

いずれにしても、秩父盆地の出口であるここにほぼ全軍が終結したということは重大な意味をもつ。三日、親鼻対岸に押し寄せた憲兵警察連合部隊の動きを中心に考えれば、総力を挙げてこれを防ぐ体制をとろうとしたことになるし、別の見方をすれば、秩父郡をほぼ制圧し終えて平野部への進出に向け、それへの出口にあたる皆野近辺に全軍を集結させたことになる。柴岡の供述を重視すれば前者ということにもなるが、泉田琿美や、吉田耕作上申書等から判断して、平野部への進撃を目指す計画通りの動きといえるだろう。官軍接近の情報を得た指導部が、皆野への進軍を急がせた結果が、柴岡の供述となったのではないだろうか。

## 6. 田代の胸痛と下小川橋陣地

十一月三日、親鼻で銃撃戦が展開される前、皆野に到着した田代栄助はそのあと、十名余の人々と共に皆野を抜けだし、下小川橋まで行っている。その部分の供述は次の通りである。

「然ル処自分ハ持病ノ胸痛ヲ発シタルヨリ菊地管平柴岡熊吉ノ両名江《へ》万事ヲ託シ午後三時頃小柏常次郎柴岡熊吉其他姓名不知抜刀シタル者七八人ニ送ラレ皆野村ヲ発シ大野原村字下小川

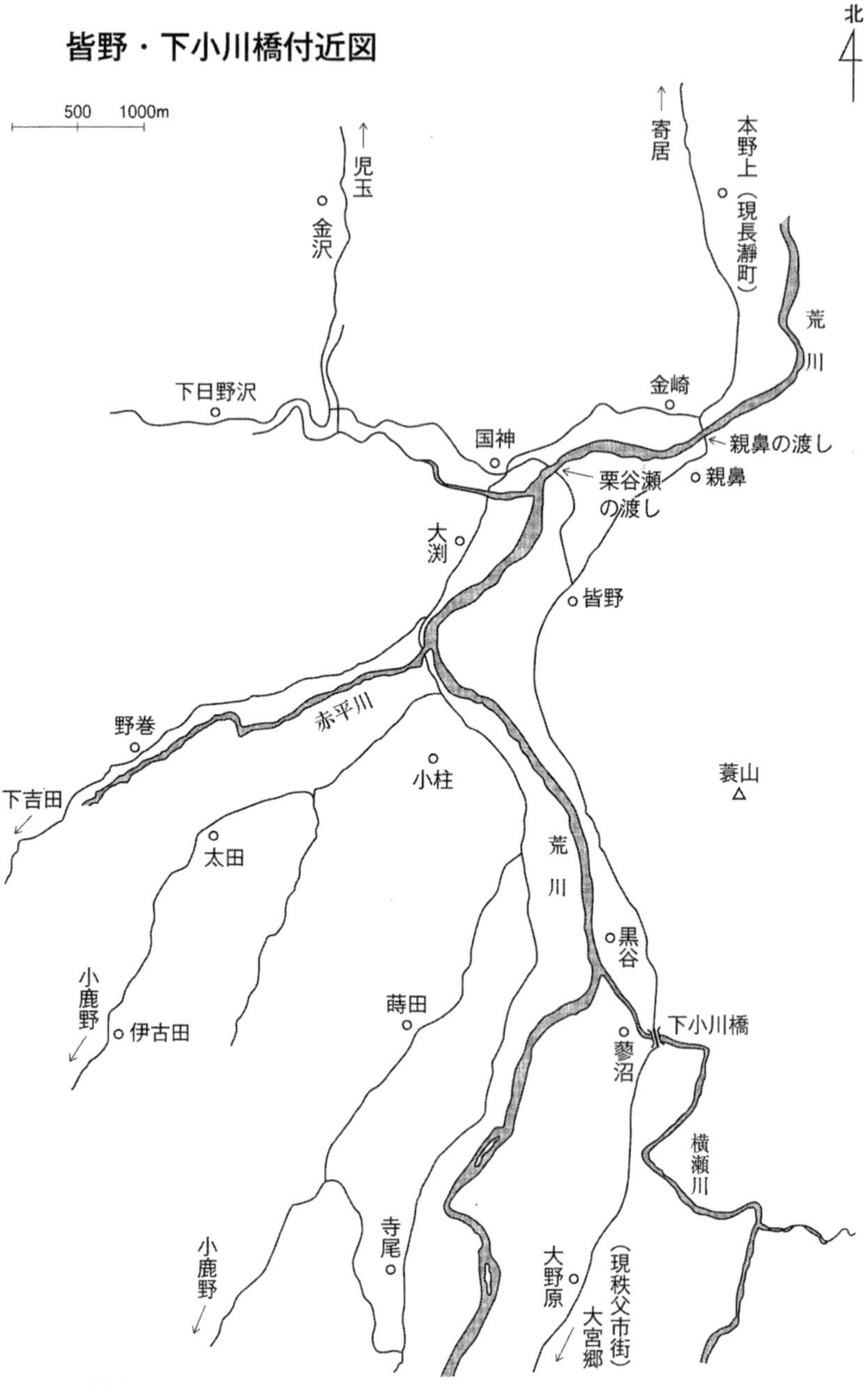


下小川橋付近図
『現政府ヲ転覆シ直ニ国会ヲ開ク革命ノ乱ナリ ―資料で読み解く秩父事件― （文芸社）』より引用転載

姓不知五郎ト申者ノ宅ニ至リ一夜ヲ明シタリ」（1．43）

下小川橋は、皆野より上流部に位置し、大野原村にある。皆野と大宮のほぼ中間地点である。そこに横瀬方面からの横瀬川が流れ、そこに架かる橋が下小川橋である。別名黒谷橋ともいう。田代は、大宮郷方面へ少し戻った安全な位置に避難して休んだことになる。これについては、全軍を見捨てて自分だけ安全なところに避難した卑怯な行為である。という解釈があり、これまでの田代栄助像を形作る上でその根拠の一つになった部分である。しかし、この日親鼻の対岸に進出した官側の兵力は、警官隊三十数名と憲兵隊一個小隊の一部であったというから、七十名余の勢力であったろうか。これまでの戦いがすべて警官隊であったのに対し、今度は憲兵隊が主体である。困民党軍に比べれば圧倒的少数ではあるが、今までとは全く違う相手である。当然激戦を予想しなければならない。親鼻を第一の陣とすれば、後方に第二の陣を構築するのは当然の動きである。親鼻が前線になるとすれば皆野は近すぎる。前線本部としてならともかく、作戦本部を置くには不適である。本部を親鼻に近い皆野から下小川橋付近に後退させるのも当然の策である。栄助は、無論本陣の移動とは供述していない。

田代は「小柏常次郎柴岡熊吉其他姓名不知抜刀シタル者七八人ニ送ラレ」と述べている。まるで見送られたかのような表現だが、これは見送られたのではない。「菊池貫平柴岡熊吉ノ両名ヘ万事ヲ託シ」たのであるから、小柏常次郎等には伴われたのであり、「小柏常次郎柴岡熊吉其他姓名不知抜刀シタル者七八人」を引き連れて移動したのである。

これは実質的な本部の移動と見てよいのではないだろうか。小柏常次郎はこのことに関連して次のように供述している。

「栄助ハ自分外十二名程ヲ連レ皆野町南裏之方ニ逃ケ秩父郡黒谷村ノ橋ニ至リソコヲ防戦ノ地ト定メ甲隊破ルレハ此地ヲ防ク事トナシ栄助ノ子分姓名知レサル横瀬村辺ノ者カ人夫八名ヲ引連レ花火筒ヲ車ニ乗セ挽キ来リ橋ノ真向ヒニ備ヘタリ」（3．179）

このことに関し、風布村の宮下沢五郎も次のように述べている。

「十時頃ニ至ルト二人挽ノ人力車ニ乗リタル者ガ参リテ申スニ本野上ニ憲兵巡査ガ押シ来リタルニ付此立沼《蓼沼》ニ於テ陣ヲ取ルガヨカラント申シ拙者ハ小川橋ヲ焼ク都合ニ付キ石油ヲ買ヒニ大宮郷ヘ参ルトテ立去リタリ　因テ防戦ノ為メ同所ニ堀ナソヲ掘リ其用意ヲナセリ翌四日ノ昼頃迄同所ヲ堅メ居レリ」（1．393）

蓼沼とは小川橋付近の地名である。皆野方面から来ると、下小川橋をわたった土地が蓼沼である。

小柏も、宮下も「ソコヲ防戦ノ地ト定メ甲隊破ルレハ此地ヲ防ク事トナシ」「憲兵巡査ガ押シ来リタルニ付此蓼沼ニ於テ陣ヲ取ルガヨカラン」と、ここに陣地を築き、皆野で敗北したときは、ここを防戦の地とすることなどを述べている。橋の真向かいに花火筒を配置したことや、いざというときは、橋を焼き落とすために、石油まで購入していたことなど、本格的な戦いに備えての動きであった。

複数幹部を引き連れていたということと、陣地構築の事実から、ここに実質的な本部が置かれたことは明らかである。

翌日、田代は再び皆野に戻る。これは官軍が撤退し、皆野の安全が確保されたからである。田代は後退の理由を胸痛のためとしているが、単に胸痛を癒すためならば、皆野のどこかの宿屋にでも休養をとればよいのであって、下小川橋まで行く理由はない。このことと、本人が陣地構築について述べていないという事実をあわせると、田代が本陣の後退と第二の陣地構築を隠そうとしていた事実が浮かび上がる。

三日朝、大宮郷妙見神社（秩父神社）で全軍に進撃を命じた田代栄助は、自らも皆野まで出向き、各渡し場を中心に兵の配置をし終えた後、下小川橋に戻り陣地を構築したのである。大宮から皆野へ気の進まぬまま、引きずられるようにして移動したという供述と、胸痛を理由に皆野から後退したという供述、陣地構築を述べなかったという事実、これらは、積極的な官への敵対行動を隠すためのものであり、四日の自らの逃亡と本陣崩壊を信用させるための布石である。

## 7．あり得ない本陣崩壊

次の資料は、田代の四日の行動に関係する資料である。

「皆野村ニ於テ青木巡査如何《いかに》思考セシヤ降伏スルヲ以テ総理ニ謝罪致シ呉レヨトノ事ニ付自分カ取次総理ニ其旨ヲ相通ジタル処然カラハ「コチラ」ニ連レ参レト云フ　因テ青木巡査ヲ総理ノ前ニ連レ参リ総理云フ　降伏スルトノ事ニ付此ニテ首ヲ切ラルルヨリ人民ノ為メ旋力《せんりょく》セヨト相違シ…」（柴岡熊吉供述、1．18）

「皆野町ニ句致《こうち》セラレ角屋ニ至レハ田代総理曰ク汝等カ連合内ヨリ加盟者ヲ出ササルハ不届至極ナリトス　近来国政紊乱《びんらん》四民塗炭《とたん》ニ苦ム　依テ貧人ノ救助ニ努メツツアルニ拘ハラズ汝等ハ微職ニ甘シ却テ我カ輩《ともがら》ニ反対スルハ愈々其罪大ナリ誅伐《ちゅうばつ》スルノ外ナシ」（肥土三郎平が語った田代栄助の言葉、『秩父暴動実記』6．26）

繰り返すが、これは蜂起以前のものではない。両資料とも十一月四日のものである。蜂起以来全く衰えない、というよりもより強固になったとさえ感じる革命への強い意思を示している。だが不思議なことにこれから数時間後、本部は突然崩壊してしまう。田代栄助をはじめとする幹部たちの逃亡によって、この日の午後本部は崩壊するのである。青木巡査と肥土三郎平に対して言ったのは四日の午前中と思われる。舌の根も乾かぬ内の変心ということになる。いったいこの数時間に何があったのか、彼等の旺盛な意思をなえさせるに足るどのような状況の変化があったのだろうか。

これに該当する理由をあえて探せば二つある。一つは、大渕において、新井周三郎が青木巡査に斬りつけられて重傷を負った事件。もう一つは、官軍迫る、の情報である。

新井周三郎が斬りつけられた事件については、緒戦において柏木太郎吉らが戦死するという事件もあったので、これは理由にならない。もう一つの官軍接近に関する情報、これは作戦上きわめて重要である。複数の幹部が、この日官軍接近の情報を得たとしており、この情報が本部にもたらされたのは間違いないであろう。これが崩壊に影響を与えているのではないかということは十分考えられることである。しかし、これを栄助の供述で考えてみるならば、

「同村ニハ追々兵士繰込ミタル様子ニ有之　且矢納峠ニモ兵隊繰込ミタル模様ニモ有之…（中略）…只今井戸村藤谷渕村ニ於テ両三人ノ敵ヲ見受ケタリ用心可致トノ注進アリ　尋テ坂元村ヨリノ注進ニハ憲兵及巡査百五拾人斗繰込ミタリト…（中略）…大渕村ノ報ニハ赤旗ヲ樹テ警部巡査四拾人計繰込ミ来リ」（1．43）

ということであり、この数字は幹部たちに逃亡を決意させるほどのものとは思えない。

この日までの戦況は圧倒的に困民党軍に有利であり、各所で展開された戦いにおいて、困民党軍の側がすべて勝利を得ている。小鹿野、大宮と主要都市を次々に攻略し、秩父郡全域が困民党軍の制圧下にあった。前日の三日には、初めて接触した憲兵隊をも撃退している。親鼻の陣地に加え、その後方に当る下小川橋に第二の陣地まで構築して警戒したその敵をである。士気が高まりこそせよ、逃亡を決意させるような情勢ではない。

ところで、幹部たちの逃亡は単独で、あるいは数名ずつという形で決行されている。基本的には、統一の取れていない行動である。四日の各時点でそれぞれが独自に情勢を分析し逃亡を決意した事になる。これまでは全く負けたことがなく、軍隊まで撃退した。このような有利な情勢の中で、多くの幹部が偶然にも同じ逃亡への道を決断し、その結果本部が崩壊してしまう。このような事は有り得ない。

もしも仮に、この段階で本当に幹部が本部を離れることによる「本陣崩壊」があったとすれば、官軍接近に関する正確な情報と、本陣の解体を幹部それぞれが十分納得しうる冷静な情勢分析と判断、そして強固な意思統一がなければならない。つまり、集団の意思としての本陣離脱でなければならないのである。

ところで、彼らの四日の行動についての供述は互いに大きく矛盾している。代表的なのは栄助逃亡場面についての柴岡熊吉の供述と、栄助本人の供述、三日から四日にかけての行動に関する栄助と小柏常次郎の供述などである。

問題は、このような決定的な違いがなぜ生じているのかということである。それだけ本陣が混乱していたのだとする見方もあるが、先に紹介したとおり四日のこの時点ではとても逃亡を決意させるような状況はなく、この見方は誤りである。この段階での幹部たちの本陣離脱は、集団の意思以外にはありえず、彼らは共通の認識を持っていなければならない。彼らが正直な供述をしていれば、当然このような矛盾は生じない。四日のこの時点のことに関して、これだけ多くの矛盾が集中しているということは、そこに彼らが徹底して隠そうとした何かが存在するということである。

三人の供述を例に考えてみたい。

田代栄助

「同日（十一月四日）午前十時頃柴岡熊吉高岸善吉落合寅一其他小柏常次郎等十二三人来リ昨日総理ノ出発ノ後荒川ヲ隔テ憲兵隊ト聊《いささ》カ戦闘ヲナシタル処憲兵隊ハ本野上村迄引揚タリ…同人共同道本陣ニ至リ兵ノ配付ヲ尋ネタル処皆野村渡船場近傍ハ鉄砲二挺其他竹槍ヲ携ヘタル

者合十二三人ニテ固メ居ルモ、菊池貫平井出為吉堀口幸助等ハ何レヘカ遁走所在詳カナラス」（1．43）

小柏常次郎

「因テ井上伝蔵ヲ尋タルニ之レ又所在知レス　此トキ折平《織平》カ出テ来タリシ故栄助伝蔵ノ所在ヲ尋ヌルニ折平ノ答ニ自分ハ更ニ所在ハ知ラス　君ハ共ニ居リシ故知リ居ルナラント申シタリ　此トキ自分ハ前夜以来栄助ノ動作ヲ述ヘ必定彼レハ陸軍カ向ヒタルヲ聞キ且ツハ多分ノ金ヲ持チシ故逃走シタルナラント申シタリ」（3．180）

加藤織平

「夫レヨリ大渕ニ至リ翌四日正午十二時頃身方《味方》ナル下吉田村ノ飯塚森蔵外壱人乗馬ニテ来ルヲ陸軍兵ト思ヒ周章ノ際味方喧嘩ヲナシ新井周三郎外二名負傷セリ　夫ヨリ自分皆野村ヘ引揚ケ負傷者ヲ田代ヘ引渡シ大渕ニ於テハ自分ト新井周三郎ノ両人ニテ指揮致居タリ　其内ニ田代他二三名之者逃亡セリ」（2．142）

短い部分ではあるが、特色がはっきりと読み取れる。

栄助は常次郎ら十二・三人に呼ばれて本陣に戻ったといい。常次郎の供述では、本人も加藤織平もこの日栄助には会っていない事になる。一方、加藤織平は栄助に負傷者を渡し、栄助はその後いなくなったと供述している。このように、この日の本陣崩壊と逃亡に関わる部分には矛盾が非常に多い。彼らは明らかにうそを言っているのである。また、矛盾とは逆に、ここで目につくのが、それぞれが他の幹部の逃亡を口にし、それを自らの逃亡の理由としてあげているという共通点である。これだけ矛盾が多い中での共通点であり、妙な印象を受けるが、これは互いに対する不信感を強調することによって崩壊をことさら印象付けようとしているようにも思える。

この日のこの場面にこそ、彼らが隠さなければならない最重要事項がある。彼らは逃亡もしていないし、互いに不信感も抱いていない。本陣も崩壊していないのである。

## 8. 広域蜂起

崩壊はなかったが、現実に幹部の多くは本部をはなれ、本部はなくなっている。逃亡はなかったが、彼らが本部を離れたのは事実である。したがって、問題となるのは彼らがどのような目的を持って本部を離れたかである。

先に紹介した上日野村の新井庄蔵は次の様な興味深い供述をしている。

「答　近年農方一般疲弊ヲ極メ難渋ニ付自由党ノ総理板垣退助ト申ス者大坂ニ在テ全国ノ人民ヲ救ノ為メ事ヲ起シ諸所方々ヨリ一時ニ騒立高利貸ヲ潰シ租税向等モ減少スル様ニ相成ル筈ニテ秩父郡ニテハ本月一日ヲ期シ人民騒立候ニ付同所へ赴キ模様ヲ見来リ群馬県ニ於テモ続イテ騒立ル積リニ付秩父郡ノ模様見ニ可参ノ勧メニ依テ一日カ二日ニ而帰ル心得ニテ考モナク常次郎等ニ随行シタル段今更恐入候

…中略…

問　常次郎等秩父郡ノ模様ヲ見テ群馬県ニモ事ヲ起ス日ニハ汝モ共々尽力スルノ意ナル哉

答　自分共ハ何ニモ役ニ立ヌモノナレトモ自由党ノ仲間ニアルカラハ常次郎其他二名ノモ

ノ事ヲ為セハ共々手伝フノ心得ナリシ　」
（3．127）

この農民は「諸所方々ヨリ一時ニ騒立」てる計画があると述べ、さらに秩父の蜂起に続いて「群馬県ニ於テモ続イテ騒立ル」計画があり、「秩父郡ノ模様見ニ可参ノ勧メ」で参加し、帰村後幹部の呼び掛けがあれば蜂起に参加するつもりであった、と自らの参加動機を語っている。要約すれば、「各地の一斉蜂起の計画に基づき秩父は蜂起した。続いて群馬でも蜂起する計画があった、自分もその時は参加するつもりであった」、ということになる。

板垣退助の呼び掛けが実際にあったかどうかは今のところ資料が少なく実証されていない。しかし、秩父と同時に蜂起した群馬県新田郡では、取調べに当った巡査が、逮捕者の一人が次のように語っていたことを報告している。

御荷鉾山《みかぼやま》
藤岡を象徴する山である。右が西御荷鉾山、左が東御荷鉾山、手前に日野谷があり、山の向こうが南甘楽郡、その先に秩父がある。

「総理板垣退助ノ命ニ依リ各地ニ散在セル自由党員拾万人カ十一月一日ヨリ三日間ニ暴発各県庁警察署監獄署ヲ打毀シ」（5．345）

この報告と新井庄蔵の供述は内容的にほとんど重なる。少なくとも上日野村の指導者と新田騒擾の指導者はかなり詳細に打ち合わせを行ったと見てよい。上日野村や周辺諸村の指導者は、小柏常次郎である。秩父困民党指導部も当然この計画に加わっていたと見るべきであろう。

上日野村では、この蜂起への動きを裏付けるように次のような動きが報告されている。

「本日午后五時過ギ小此木郡書記帰衛《きえい》上下日野両村内民情之模様外面ヨリ見ル時ハ平穏無事之如シト雖モ其内幕タルヤ四五名位ツツ此處彼處《ここかしこ》ノ諸所へ集ヒ或ハ談ジ或ハ語リ今ニモ以テ好機アラバ応ジ組出サントスル勢ヲモ有之哉ニ見受ケ候ニ付…

十一月三日夜　」（郡書記よりの上申書　5．738）

新井庄蔵の住む多胡郡上日野村は北甘楽郡、南甘楽郡と接する村である。したがって、新井の供述の言う群馬の蜂起計画とは、新田郡の蜂起とは別の群馬県南西部を中心とした地域の蜂起ということになる。

埼玉県榛沢郡人見村では十一月四日夜、次のように人民が集合する事件がおきた。人見山騒擾事件である。

「昨五日午后三時頃榛沢《はんざわ》郡深谷最寄ノ人民不穏ノ色アル趣キニ付警部巡査ヲ派遣シ実否探偵セシメタル所同郡人見村へ昨夜七十名程集リシモ巨魁タルヘキ者ノ来会セサルニ因リ急キ解散シ先《ま》ツ《ず》本夜ハ平穏ナレトモ若シ巨魁来レハ暴挙セシモ知レス右ハ曩《さ》キニ秩父ノ賊敗レルヲ以テ独立ノ姿トナリ到底暴発ノ勢ナシ故ニ昨夜モ解散セシナラントノ旨只今報知越シタリ此段御報ス

警保局長　　笹田書記官

東京鎮台

」（４．５３７）

これを要約すると、四日の夜人々が集合したが、指導者が来なかったために蜂起することができず、やむなく解散した。秩父困民党軍の敗北（金屋の戦い）により孤立し蜂起する勢いを失った、ということである。人見山には周辺諸村から人々が集まっているが、その中には榛沢郡岡村の人々もいた。この岡村からは大野又吉、鎌田政吉ら秩父蜂起に参加し、目覚しい活躍をした。この人見山騒擾事件も笹田書記官の報告どおり、秩父と連絡を取りながらの蜂起計画と見て間違いない。このように、群馬県から埼玉県の北部にかけてははっきりと秩父と連絡しての蜂起計画の存在が証明できるのである。

「本陣崩壊」の問題はこれらの動きと関連するものと考えられる。秩父郡のほぼ全域を制圧し、いよいよ平野部へ進軍する。この段階で、各地の組織に連絡員を派遣する。あるいは各地から参加していた人々が地元の組織に帰り蜂起する。上日野村の新井庄蔵の供述あるいは人見村の動きから読み取れるのはこのような動きである。

「本陣崩壊」は崩壊どころか、蜂起軍のさらなる攻勢に向けての動きととらえるべきなのである。

さて、ここでもう一度、泉田瑰美の密告報告を見てもらいたい。特に次の部分である。

「群馬県南北甘楽郡ト気脈ヲ通シ彼党我ニ先チ発シテ岩鼻監獄ヲ破リ而シテ囚徒ヲ同盟セシメ岩鼻火薬庫ヲ破リ弾薬ヲ奪掠シテ暴発スルノ軍略ト云然ル後ハ東京ヨリ憲兵隊或ハ兵隊ノ来ルアルハ必然タリ其留守ノ空虚ヲ窺ヒ東京へ更ニ暴発スルト云」

秩父に先んじて、群馬県が蜂起ということはなかった。しかし、四日の深夜児玉方面に向った困民党軍主力は、どこを目指したのか。地図を見ればすぐにわかることであるが、進んだその方向には、岩鼻がある。泉田の密告にある陸軍岩鼻火薬製造所である。もしも、金屋をきりぬけ、児玉町を占拠すれば、岩鼻は一日とかからない距離である。

主たる攻撃目標に軍主力を向けつつ、各地に連絡員を派遣する。これが、四日の動きではなかったのか。また四日の逃亡の場面では、栄助はじめ何人かの幹部が、軍隊接近の情報について述べているが、これは、栄助たち幹部が軍の動きに注目していた証拠である。

「東京ヨリ憲兵隊或ハ兵隊ノ来ルアルハ必然タリ其留守ノ空虚ヲ窺ヒ東京ヘ更ニ暴発スルト云」

彼らは、当初よりこのような計画を持っていたのであり、軍隊出動は初めから予期していたことである。その出動の情報は、彼らに動揺を与えるどころか、待ち望んでいた好機と判断されたかもしれない。東京、神奈川方面と連絡を取るのは当然であり。加藤織平、井出為吉ら最高幹部クラスが東京に向った事はこのような動きの中で考えなくてはならない。

次の資料は、群馬県上栗須村から事件に参加した自由党員小泉信太郎に関する記事である。事件を生き延びた小泉はその後、紆余曲折を経て県会議員として活躍し、金屋の戦場で体験した戦闘の模様を地元上毛新聞が特集した「上毛今昔物語」に寄稿した。

『いかに焦っても反抗しても軍隊には対抗することはできない。「退け」の号令と共に最初の集合所杢神社に向って総退却を開始した。逃げる背に浴びせかけられるのには流石に参った。僕はその時膝を後ろから撃ち抜かれ「あッ」と思ったが夢中で逃げた。此處で井上、田代大将株は「こうなったらお互に身を隠すより仕方ない。吾々はこれから信州へ落ちるから皆逃げてくれ」と僕らに五十両ずつくれた。』（上毛新聞・昭和三年九月十七日）

小泉は金屋の敗戦後、逃走資金を田代、井上からもらったと言っている。田代も井上も少なくとも金屋の敗戦後までは本部にいたことになる。少なくともこの時までは本部は崩壊していないのである。記事の中には、全体的に誤りが多く、この回顧談自体、検証しなければならない。小泉の記憶違い、或いは勘違いに基づいて語られた部分もあるだろう。しかし、金屋の戦いを直接体験したものでなければ書けない部分もあり、多少の誤りを差し引いても回顧談自体は非常に貴重な資料である。

次に井上伝蔵の子孫に伝えられている話を紹介したい。追及の手を逃れた井上はその後北海道に渡り、石狩町や野付牛（現北見市）等で伊藤房次郎として生活した。大正七年、死期を悟った井上は枕元に息子の洋を呼び寄せ、隠してきた自らの名前と身の上を明かし、秩父事件の詳細を話したと言う。その中には、再起の為に軍用金を武甲山中の洞窟に埋めたと言う内容もある。結局、再起することもなく時も流れてしまったため、何とか秩父に行ってその金を探し出し、事件後苦しんだ事件参加者やその子孫のために役立てて欲しいと洋に依頼したと言う。金屋の敗戦ののちも田代らは再起を考えていたのである。

十一月四日の行動は、各地に勝利の伝令を走らせ、中核部隊を児玉方面に進撃させる。そして、児玉の方面の制圧と安全の確認の後、本部も移動する。これがその行動予定ではなかったか。

金屋の敗戦は、それまで攻勢を続けていた困民党軍の動きを守勢に転回せたというだけでなく、一気に崩壊させるほどの決定的な敗戦であった。本部には衝撃がはしったはずである。雪崩を打って敗走してくる兵士たちを見て田代が何を考え、どのような戦略を立てたのか。想像するしかないのだが、おそらく群馬のどこかに潜み信州隊の動きを注視する、情勢によっては再び表舞台にたつ。最後までそんな期待を持っていたのだろう。しかし、結局は信州隊も敗れ、困民党軍は消滅したのである。

困民党軍壊滅の後、総理としてやるべき事は何か。捜査を攪乱し、自由党への弾圧をくい止め、党の組織を守ることではなかったか。田代は親戚宅に滞在休養中の十三日、警察への密告により逮捕された。無論これは密告ではない。この様にしたのは親戚が巨魁をかくまったと追及されることをごまかすための配慮である。

田代と終始行動を共にしていた小柏常次郎も同じ頃、群馬県万場町で逮捕された。その時の模様が次のように報告されている。

「昨夕上日野村小柏常先生白バクレ新タラシキ下駄ニ而ガラガラ分署前ヲ通行セルヲ査官ニ見留メラレ乍《たちま》チ縛セラレ先生暴徒三百人ヲ卒引《そついん》セル親方分トノ事ナレハ好都合ノ事ニ有之候（十一月十四日　滝上郡書記報　６．７４６）

分署前を下駄の音を響かせて通ったというのだから、まさに逮捕してくれと言わんばかりの行動である。実質的には自首である。小柏がなぜこのような行動をとったのか。当然、警察に捕まる必要があったからである。蜂起が失敗したこの段階にあっては警察で虚実織り交ぜた供述を行って捜査をかく乱し、同志への追及の矛先をかわすためである。小柏が膨大ともいえる内容を供述しているのはそのためである。それは、内容というよりも量といった方が適切かもしれない。同志とは、秩父の動向を見守りつつ行動を準備していた各地の組織であり、自由党本部であったかもしれない。おそらくそれが小柏の次の戦いであったのだろう。それはまた田代も同じであったと思われる。

二人がなぜ同じ頃（十三日と十四日）に逮捕され、しかもその日が困民党軍信州隊が壊滅した数日後なのか。このことを考えなければならない。金屋の敗戦後彼らは別々に行動したのか、それとも終始一緒にいたのか。彼らはどこにいたのか。彼らの周りにいったい誰がいたのか。それらを考えなければならないのである。

## 9．自由党解党と秩父事件

秩父事件は明確に自由党による政府転覆を目指した事件である。秩父に呼応して蜂起したのは群馬県新田郡だけであったが、計画を含めるならば群馬、埼玉、長野と分かっているだけでも相当の範囲に及ぶ。

群馬県館林で逮捕された吉沢庄左衛門、山口幸作、福島安蔵。東京で逮捕された加藤織平、井出為吉。千住警察署に自首逮捕された柳原正男。茨城県で逮捕された塩谷房吉。彼ら幹部は逃亡の末にそこで逮捕されたのか、それとも別の目的を持ってそこに行ったのか、それを考えなければならない。井出為吉は東京の自由党本部に行くつもりだったと供述しているが、井出と一緒に秩父を脱出した副総理の加藤織平も寧静館を目指したのか。彼らと途中まで同行した神奈川県の吉田はどうだったのか。彼らの行動を逃亡のための行動と結論付けるのは大きな誤りと考える。

静岡事件の中心人物の一人鈴木音高は、「国事犯申立書」のなかで次のように言っている。

「一月中旬、かの重任を負ひて出京し鋭意奔走…中略…幸い社会機運の傾向を視察するに、当時人心概ね政府を怨望し事あらば奮いて起たんとするの気象を含有することを亮知し得たり。加之のみならず茨城県人富松正安、仙波兵庫の両人を得、また、仙波兵庫の斡旋を以て群馬県高崎の人深井卓爾、伊賀我何人の同盟連絡を得、猶その四人の同盟者数十人も、与に事に当たりて勃興するの盟約を整え…」(『朝日百科』・日本の歴史別冊・立国の時代、P34参照)

深井、伊賀ら高崎有信社の人々は秩父の自由党員村上泰治に直接つながる人々である。上毛自由党の一員あるいは同盟者ともいえる秩父自由党の田代や井上伝蔵が、鈴木音高や富松らとつながりを持っていたとしてもなんらおかしくない。

次の二つの資料は群馬県鬼石町の自由党員、桜井時次の取調べ上申書と報告書である。

「右ハ暴徒ニ与ミシ自宅ニ居テ始終我本部ト其ノ他機密ヲ通報シタルモノニテ兼テ自由党員ノ巨魁ニテ曽テ雇人タル堀口孝吉(幸助カ)三十六七年ニ通報シタルモノナリ…実ニ強情無類ノモノニテ一応ニテハ自白スヘキモノニハアラサルナリ」(3.7)

「報告

坂原村字法久ノ居住　新井愧三郎

右ハ当時逮捕入檻中ナリ　此ノ者ノ属下ノ巨魁ナリ」(3.8)

報告書は桜井時治は新井愧三郎の「属下ノ巨魁」であるとしている。新井は村上と同じく高崎有信社系の自由党員であり、村上の親戚筋でもある。ということは、桜井もまた高崎有信社につながる自由党員ということになる。その桜井が雇人の堀口幸助を使って警備側の情報を困民党軍に流していたというのである。その堀口幸助が柴岡熊吉の供述に次のように登場する。

「問　鉄砲方弐人抜刀弐人ノ姓名ヲ申立ヨ

答　鉄砲方弐人ハ姓名承知セス　抜刀方ハ横瀬村千島周作村名不知田代栄助方寄宿スル堀口幸介ナリ」（1．19）

「田代栄助方寄宿スル堀口幸介」、この表現から新井愧三郎、桜井時次、堀口幸助、田代栄助というつながりが証明されるのである。田代が高崎有信社の人々と密接な交流を持っていたとして何ら不思議はない。さらには静岡事件、加波山事件の人々とつながりを持っていた可能性も考えられる。つまりは、秩父事件が秩父地方を中心とした単独の事件ではなく、これらの事件と深く関係するということも十分考えられるのである。

また、小柏常次郎の供述に次のような部分がある。

「自分共惣平方ニ集合シタルトキ栄助カ自分ニ対シ云フニ群馬県ノ恩田宇一カ二度迄秩父ニ来リ云フニ群馬方ハ鉄砲一二発モ打テハ忽チ大勢寄リ集リ押出ス手筈ニ成居ルトノ事故自分ハ東阪原村ニ至リ北甘楽ノ一ノ宮ノ太田屋ト申ス者ヲ喚ヒ寄セ群馬ノ実況ヲ問フタルニ太田屋ニ於テハ其事ハ更ニ知ラスト云フタルノミナラス今日ニ至ルモ群馬県ヨリ壱人モ参ラサルハ不都

合ナリト申シタルヨリ」（3．182）

東阪原とは坂原村のことと考えられる。坂原村のおよそ西半分が法久である。あえて東阪原としたのはこのことをごまかそうとしたためであろう。ここは新井愧三郎の居村でもある。新井の本家筋の新井平蔵もまた、この地域を代表する自由党員であり、二十余名の村民も党員として名を連ねている。田代はおそらくこの村のどこか有力者のもとに行ったのである。当然、群馬の様子を確認するためではなく、何か重要な会議がここで開かれたのである。

長野県飯田地方や愛知県渥美地方などでは秩父の蜂起の情報を得て、俄かに蜂起に向けた動きを起こしている。これら地域の組織とも何らかのつながりを持っていた可能性が考えられる。

明治四十一年三月に開かれた、加波山事件殉難者二十三回法会において内藤魯一は次のような演説をした。

「有一館は、当年政府の暴政と峻法酷律に対抗して出来たもので其の命名は板垣伯であった。…（中略）…自由党が解党したのは実力を以て暴政府に当たらん意図であった。」（『明治の政治家たち』服部之総・岩波新書P　145）

またこの時、板垣も次のように言ったという。

「当時我々同志は此圧迫に対し政党を解いて最後の決心をしようと決めたが…（中略）…自

由党も愈々最後の決心という刹那に後藤が大同団結ということを唱えだしたところが、同志がばらばらとこれに走って活路を得んとしたので最後の決心がつい最後の決心にならずにしまった。これがために殉難志士があとから続かなかったのだ。」

後の歴史家がこの解党をどのように評価しようとも、この二人の言葉は大きな意味を持つ。自由党の解党直後、自由党員の指導により蜂起した秩父事件はもっとも注目されなければならない。

上日野村の農民の「自由党ノ総理板垣退助ト申ス者大坂ニ在テ全国ノ人民ヲ救ノ為メ事ヲ起シ諸々方々ヨリ一時ニ騒立」という言葉でも分かる通り、秩父困民党の幹部たちは、大阪で自由党の大会が開かれることも知っていたし、全国の自由党員が一緒に立ち上がるであろうという期待も持っていたのである。したがって、彼らにとって秩父の敗北は自由党の敗北ではない。彼らが真実を供述をしないのは当然である。彼らは警察の追求に対し「高利貸ヲ倒シ負債者ヲ救助スルノ目的ニ外ナラズ」「其惨状見ルニ忍ヒス…暴徒ヲ起シタル次第ナリ」「村民等ノ困窮ヲ目ノアタリ傍観スルニ忍ヒス…自然事ヲ起スニ至リタリ」などとくり返し、事件を一地方の負債返弁騒擾に矮小化して見せかけ、被害を最小限に食い止めたのである。

秩父事件は自由民権運動の中で起こった最大の激化事件であり、明治専制政府に変わる新しい政権の樹立を目指した革命運動である。事件を自由民権運動の影響を受けた農民一揆であるとか、近世以来の伝統的な負債返弁騒擾である、などの見方をとる人々は概して本稿の中で多く論じてきた矛盾に目を向けなかったり、単なる記憶違いや短期間のうちの変心などとして軽視する傾向が見られる。その結果、もっとも運動に積極的であり、誠実な民権活動家を軽はずみな男と見たり、自由民権運動を解しない博徒などとするなど、180度ひっくり返した解釈をしてしまったりする。彼らに率いられて起きた秩父事件に対する評価もまた同じである。板垣退助や、内藤魯一の言葉でも示されるように、激化諸事件は、自由民権運動の大きな流れの中の本流をなす出来事である。党員の主導により大衆を組織し、万にも及ぶ兵力を集めた秩父事件は最大限に評価されなければならない。

小柏常次郎が藤林氏の研究によって復権して久しいが、残念ながら、田代栄助については近年ますます誤った解釈が拡大増幅し、虚像が定着しかねない状況にある。教科書や歴史関係書物においても事件が負債返弁騒擾に近いものとして述べられることが多くなっている。

そのような研究動向の中で、秩父事件を自由民権運動の中に位置づけて捉えようとする研究の中にもその影響が出てきている。井上伝蔵や坂本宗作、高岸善吉らと田代栄助の異質性を強調し、田代を排除ないしは軽く見ることにより、秩父事件全体の歴史的評価を維持しようとする動きである。

いわゆる本陣崩壊は崩壊ではなく、事件の広域的性格と高い政治性を最も端的に示す場面である。我が身を賭して、官憲を欺きとおし、被害を最小限に食い止めた行動は、田代栄助の高い政治意識と誠実さを示している。この人物に焦点を当てることによって、秩父事件の歴史的意義はさらに高まるものと確信する。

# 論文2

# 目指すは岩鼻火薬製造所

藤岡・秩父自由党事件最大の戦いといわれる金屋戦争。彼らの戦いは本陣崩壊後の司令部を失った部隊の盲目的な突撃による悲劇ともいわれてきた。しかし、本陣の崩壊はなく、従って彼らは明確な目的と指示のもとに行動していた。その進撃目標こそ、陸軍岩鼻火薬製造所である。

## 1．金屋の戦い

金屋村は、埼玉県児玉町のとなりに位置し、現在は自治体の合併により本庄市児玉町金屋となったが、当時は小山川の谷に沿って開けた秩父新道により秩父とつながっていた。金屋方面から秩父に向かって進むと谷の最奥部に出牛村《じゅうし》があり、ほぼ突き当りを右手に折れ、小さな峠を越えて進むと金沢村となり、その先が下日野沢村である。また、出牛村から左に道をとって出牛峠を越えると本野上村（現長瀞町）方面となる。児玉町は八幡山とも呼ばれ、小山川の谷口に発達した町である。秩父方面から見て、本野上村を出発した困民党軍が金屋を突破すれば児玉町を占領することになる。

十一月四日の深夜、出牛峠を越え、進撃してきた困民党軍と政府軍との間で激戦が展開された。金屋の戦いである。これは、困民党軍が秩父盆地を制圧の後、始めて平野部への進出を試みた戦いであった。困民党軍はこの戦いで十数名の戦死者を出し敗退。負傷者は百人を超えたと言われる。金屋戦争は秩父事件中最大の戦闘であった。

ある参加者はこの戦いの模様を次のように伝えている。

「金谷《屋》村ニ至ルト人家ノ竹藪ヨリ兵隊ニ砲撃サレ於是《ここにおいて》姓名知ラサル味方之隊長分抜刀隊ハ進

金屋古戦場跡（本庄市児玉町金屋）

メ進メト下知《げち》シタレ共砲撃烈《はげ》シク味方カ一発打ツ内ニハ敵ノ弾丸ハ二十発モ飛ヒ来ルニ付進ミ兼テ居ルト敵ノ弾丸先キニ進メ進メト指揮シタル隊長分ニ当リ忽《たちま》チ人家ノ戸ノ傍ニ斃《たお》レタルヲ見受ケタルニ付自分ハ直ニ同所ヲ逃ケ去リ翌五日ノ朝自宅ニ帰リタリ」（高岸駅蔵供述　２．２２３）

高岸の供述には、困民党軍の果敢な戦いの様子が活写されている。一般農民から成る困民党軍がなぜここまで果敢に戦いを展開したのか。この動きの中に秩父困民党の真の狙いが隠されてはいないだろうか。

この部隊の行動については、これまでは本部崩壊以後の動きとして、あまり顧みられてこなかったきらいがある。確かに、主な幹部は皆野から逃亡し、残った一部の幹部も別の一隊を率いて信州方面に向かっている。金屋隊の中には名だたる幹部の名前をほとんど見いだすことができない。唯一人、風布村の青年、甲大隊副隊長の大野苗吉の名前をこの一隊のリーダーとして掲げる研究者もいるが、明確な証拠があるわけではない。金屋隊についての多くの著作を見る限り、この行動は指揮系統を欠き、目標を見失った闇雲な突進と考えられてきたようである。

しかし、昭和十一年発行の雑誌『人民戦線』の中に、金屋戦争について特集した記事がある。これは、編集者の一人が埼玉県児玉町に訪れ、事件を目撃したいわば体験者を集めて開いた座談会での会話をそのまま載せたものである。この中には事件当時、負傷者の治療に奔走した児玉町の医師中神貞作も加わっている。中神の他、児玉地方にも存在した貧民党に入っていたと思われる人物など、当時を生きた人々が語っていて貴重である。

この記事の中で、ある参会者は次のように語っている。

「御大将が、現場の向こうに一軒家がございますが、そこまで来て、十一人ばかりをったさうですな、これが炊き出しした夕飯を食って、音はドンドン聞こえたさうですが、これは負け戦だといふわけでどっちへか解散しましたさうです。それが御大将でこっちへ来たのは二番大将かなにか、…」

どこまで整った指揮系統を持っていたのかは分からないにしても、この話からは現地本部とでも言うべきものが存在した事がうかがえる。

また、本野上村役場の記録の中に、この部隊に関するものがある。本野上村は秩父郡に位置してはいるが、秩父盆地の出口近くに位置し、平野部に抜ける経路上にある。ここからは、荒川沿いに下る寄居への道と、出牛峠を越えて児玉方面へ下る道が開けている。十一月三日の親鼻の銃撃戦を経て、警察憲兵隊を退けた困民党軍は翌四日、荒川を押し渡りここに進撃した。この部隊がその日の夕刻、ここを出発し、深夜、金屋で政府軍と激突することになる。したがって、金屋隊について、その部隊の性格やねらいを知る手がかりを得るには、ここでのこの部隊の動きについて知ることが重要である。

## 2. 目指すは岩鼻火薬製造所

本野上役場の記録にはこの部隊の様子が次のように記されている。

「役場ヘ罷越《まかりこし》様子見受シニ凡《およそ》十四五名計リ役場内ヘ這入《はいいり》何レモ抜刀ヲ杖ニツキ両側ヘ腰ヲ懸《か》ケ正面ニ小隊長ト見エ紫ノ頭巾ヲ冠《かむ》リ帯刀ニテ袴ヲハキ黒ニタコ織ニ抱茗荷《かかえみょうが》ノ紋付羽織ヲ着シ傍ニ木綿縞《もめんじま》ノ袴ヲハキ抜刀ヲ携副隊長ラシキ者壱名並居其他竹槍組内ニ鉄砲持タルモノ凡廿名計リ何レモ脅迫ト見エ役場表ニ控エタリ…然ル上ハ隊長ノ姓名ヲ知ラズンバ后《後》日書類受渡ノ際不都合ニ寄リ其姓名ヲ問フニ北甘楽郡高瀬村木村照吉ト名乗リ応接方至テ穏和ナリ副ラシキ壱名ハ高崎藩トノミ其姓名不名乗《なのらず》至テ強気ノモノナリ」（本野上村連合戸長役場文書　5．165）

この記録が、本野上に繰り込んだ全部隊を掌握する立場の人物たちを記録しているのか、あるいは一部の部隊、いわば一小隊ともいうべき一隊の動きを書き表しているか、そのところは定かではない。しかし、紫頭巾の隊長と高崎藩を名乗る副隊長の下で、部隊は整然と統制のとれた行動をしていたことが分かる。この動きから考えて彼等が、目的もなく児玉方面に突出していった烏合の衆とは考えにくい。明確な目標を持った組織ゆえの統制のとれた動きと考えられる。しかも、ここを出発してからの部隊の動きは急である。行動に迷いがない。本野上を出発してから五時間あまり後に金屋の激戦となる。

この戦いに参加し、後にアメリカ遊学を経て群馬県議会議員として活躍する小泉信太郎《のぶたろう》は、昭和三年に地元の新聞に回顧談を載せ、次のように語っている。

「事件の発端は照山謀殺事件に連座して前橋監獄に囚幽《しゅうゆう》の身となった師友《しゆう》を救い出すと共に、高崎鎮台を襲撃し兵器弾薬を奪い、あわよくば中央進出を試み…これより先暴徒側では児玉町を衝《つい》て先ず岩鼻に出で同監獄を破って囚人を助け出し高崎に進出せん方針で…」

小泉は岩鼻監獄の襲撃や高崎鎮台の兵器弾

群馬の森
かつての岩鼻火薬製造所は「群馬の森」となって県民に親しまれている。

薬の奪取を語っている。論文1の中で泉田瑢美の報告を掲載したが、小泉の回顧談はこれと内容的に一致する。従って、困民党軍金屋隊の目的はこのあたりにあると言っていいだろう。

ダイナマイト 碑
「群馬の森」の一角にある。

また、これは次に掲げる『自由党史』の記述ともおよそ一致する。

「檄徒の名とするところは、地租軽減徴兵令改正にあるも、その目的とするところは実に一死以て師友の讐《あだ》を復し、これを救うに在り。是《これ》を以て当初井上等の予定せし部署は、第一前橋監獄署を破壊し同盟の士を救出すること、第二に高崎の兵営を襲撃して後患《こうかん》を絶つ事。第三、義を沿道に唱えて上京し、在京の同志を合して成す所あらんとする事の三に在り。」（『自由党史』下p92参照）

小泉は、秩父事件の体験者としての詳細な記事を回顧談として地元の上毛新聞に寄せているが、群馬事件とこれに続く秩父事件を体験者の立場から語っていること、照山事件も含めて系統的に語っていることなど、極めて貴重である。

以上、いくつかの資料から彼等が岩鼻火薬製造所を目指していたことは明らかである。もしも彼等が金屋を突破し、児玉町を占拠したならば、次は群馬県の藤岡、あるいは新町であろうか。新町ならばその目と鼻の先が岩鼻である。

## 3. 群馬県上・下日野村の人々

### (1) 歪められた小柏常次郎

小柏常次郎をはじめ、彼の居村群馬県日野村(上日野・下日野村)を中心とする地域からの秩父事件参加については、すでに良く知られているところである。彼らは秩父事件において最も早く行動を起こし、信州で壊滅する最後まで戦い抜いた。しかも、信州隊においては、新井寅吉、貞吉親子、横田周作、遠田宇市等が幹部として名を連ね、彼らに率いられた群馬の人々は弾薬輸送や抜刀隊など、困民党軍の中核として働いているのである。

ところが、彼らの評価は余り芳しくない。例えば、この地域の指導者、小柏常次郎については次のように描かれている。

「やや軽佻さを持つ小柏常次郎をして田代栄助との面会に、煽動家たらしめた秘密でもあった。」（『秩父困民党群像』（新人物往来社・井出孫六著P170参照）

「この屋根板割渡世の男にはやや大言壮語の習癖があるとともに、生来やや軽佻なところが玉にキズと惜しまれた。」（同・P182参照）

「大言壮語をむねとする老人を、耕地の人々は『ホラッ常』、と呼んでいたというが、そのことすらもはや記憶にとどめている人は稀となり、老人の大言壮語のなかに、馬鹿の一つ覚えのように「ミンケン、ミンケン」という外国語のような片仮名の混っていたことなど、誰ひとり思い出すものは、ありはしまい。」（『峠の軍談師』河出書房新社・井出孫六著P88参照）

両書とも昭和四十年代末から五十年代初めに出版されたものである。資料があまり整理されていなかったころの作品とは言えあまりにもひどい内容である。

小柏は確かに尋問において「屋根板割職」と自らの職業を語っているが、これは農間に板割職人の元締めをしていたのであって、自らが鉈を持って屋根の上を飛び歩いていたわけではない。講談については、当時民権家の多くが講談を語りながら民権思想を広めていた事は良く知られている。後にプロの講談師になってしまった人物もあったほどである。官側の資料の中に小柏が講談を語る人物とあるのを「屋根板割職」とが結びつけて、前述の人物像を作り上げてしまったのである。歴史作家の中には、農民すなわち愚民という、偏見にとらわれた人が居た。井出氏もその一人だろう。いずれにしても歴史小説家によって、とんでもない人物が作り上げられてしまったのである。小柏ひとりだけでなく、この様な小説家によって秩父事件が描かれてしまっては事実もどこか消し飛んでいるはずである。小柏が優れた指導者だということについては、いまさら言うまでもないことだろう。秩父困民党が椋神社において蜂起する以前の十月三十日に行動を起こし、彼らのうちの多くが十一月九日、長野県南佐久郡で壊滅するまで、菊池貫平の傍らにあって困民党軍の指揮を執っていた事実は小柏を含め、この地域の人々が高い政治性をもって事件に参加した証なのである。

（２）戦い抜いた人々

ところで、日野村（事件当時は群馬県多胡郡上日野村下日野村）からの事件参加者は秩父から帰村して自宅で逮捕された人々と、信州で困民軍が崩壊した後、帰村の途中で逮捕された人々に大きく二分することができる。

この両者の事件への姿勢は、彼らの供述を真実と見なすならば、きわめて対照的である。

前者の供述には次のような特色がある。

「竹槍或ハ抜刀ヲ携エオル者多勢居ルニ驚キ直ニ……逃ケ帰リ」「巡査カ来タト云フニ驚キ……逃ケ帰リタルニ相違ナシ」等々。

彼らの多くは秩父に入って直ぐ、椋神社より、あるいは大宮郷の手前より逃げ帰ったなどと供述しているのである。一方、信州隊のなかに日野村民が多数いて、彼らは険路を信州まで長駆し、菊池貫平の傍らを固め、弾薬輸送あるいは抜刀隊など、最も重要で中心的な任務を負って最後まで戦い抜いた。この事実と比較したとき、彼らの供述はあまりに対照的である。両者の行動の落差はあまりにも大きい。

しかし、この疑問は前者の供述を注意深く読んでみることにより解決する。前者の供述には嘘が多いのである。

例えば、下日野村の斎藤善三郎は次のように供述する。

「自分ハ七人ノ者ゟ《より》一歩後ゟ出行《しゅっこう》セシ処保美濃山《ほみのやま》ニテ壱人ノ老人豆ヲ背負来リ候ニ付大宮郷迄ノ里程ヲ問シ処是《これ》ゟマタ余程有之ト申答折柄老人カ今七人程巡査方ニ追ハレ何レヘカ逃走是ゟ先ハ取締厳重ニシテ中々行事ハ出来ヌト云フニ付驚愕《きょうがく》直様《すぐさま》同所ヲ発戸長役場へ立戻リ其《その》由《よし》ヲ相届候儀ニ御座候」（3．110）

しかし、同じ下日野村の山田辰五郎は次のように供述する。

「自分カ秩父郡へ参リタル次第ハ先月三十一日夜村方小柏常次郎自宅へ罷越シ…小柏常次郎等ト同道村方ヲ出立途中ヨリ斉藤伝三（善三郎）同庄吉柴崎豊作…等ト一緒ニ相成リ翌一日午前十時頃上日野沢村氏名不知方へ立寄リ」（３．１１７）

斎藤は、保美濃山（群馬県南甘楽郡保美濃山村、現群馬県藤岡市）より逃げ帰ったと言っているが、山田は斎藤等と上日野沢村まで同道したと述べている。なお、斎藤は二回目の尋問では城峰山から帰ったと言っている。まだ群馬県のうちである保美濃山で、大宮までの里程を訪ねたというのもおかしな話である。

また、小柏常次郎の供述の中にも次のような部分がある。

「問　汝カ村方ノ斉藤善三郎黒沢滝蔵小坂竹次郎ノ三名ハ暴徒ニ与シタルカ

答　与シタルニ相違ナシ

問　汝カ脅迫シテ与ミサセタノカ

答　決シテ脅迫ハ致サス　何レモ自ラ進テ出タル次第ニ有之候

問　其三人ニハ何レテ汝ハ別カレタルカ

答　大宮ヲ経テ再ヒ皆野ニ引返シタトキソコニテ別カレタリ。

問　皆野ヘ再ヒ引キ返シタ日ハ何日ニシテ一同ト別レタルハ何時頃カ
答　十一月四日ノ午后二時過キ三時近キ時分ニ有之候」（3．53）

小柏は十一月四日、皆野で別れたと言っている。

このように、秩父に入る前に保美濃山から逃げて帰ったという斎藤善三郎の陳述は山田辰五郎と小柏常次郎の供述から嘘だと云うことが分かる。

もう一つの例として、上日野村の武笠重吉の供述を検証してみたい。武笠は次のように供述する。

「翌十一月一日午前四時頃卯一《遠田宇市》貞吉《新井貞吉》外ニ邨方新井榮太郎ト四人連ニテ酒家ヲ出テ途中ニテ邨方小暮甚三郎其他名前不知者十人計ト一緒ニナリ芋茅《妹ケ谷》峠ト申ス邨方ヲ距ル壱里計ノ処ニテ夜モ明ケ夫ヨリ南甘楽郡ヲ経テ小松巻次郎《新井蒔蔵》方ヘ参リタル処同家ノ表ニ竹槍等数多《あまた》有之《これあり》弐百人計詰掛ケ居ルニ依リ是レハ何ニカ悪事ヲ働ク仲間ナラン　其仲間入リヲ致テハ不相成《あいならず》ト心配スル際卯一貞吉ノ両人ハ一寸《ちょっと》他ヘ行来ルト申シ巻次郎方ヲ出テ去リタルニ付ヨキ機会ナリト考《かんがえ》ヒ新井榮太郎ト両人ニテ巻次郎方裏山ヘ逃入リ…」（3．227）

このように武笠は遠田、新井に率いられて秩父に向かったと述べている。遠田は北甘楽郡国峰村の自由党員。秩父蜂起に向けて小柏常次郎と共に群馬側を説いて歩いた中心人物。新井貞吉は上日野村の青年自由党員、父親の寅吉と共に地域をオルグし、多くの人々を自由党に導いた。菊池貫平率いる信州隊では幹部の一人として活躍したことで知られている。新井が数名の同志と共に出発したのは十一月一日のことである。つまり、新井は遠田とは別の日に別のルートを通って秩父入りしていて、そもそも武笠は新井貞吉と同行していないのである。したがって「宇市・貞吉の両人は一寸他へ行って来ると申し…」という逃亡についての部分も嘘だということである。

長くなるので他の事例については引用をやめるが、帰村後に逮捕された人々の多くが同類の供述をしており、供述通りに彼らが逃げ帰ったと信じてしまうと真相を見誤ることになる。

日野谷で彼らを捜索した藤岡警察署詰め巡査室井貞吉は実践手続き書に次のような重要な報告をしている。

「同月五日午後九時小林警部補ノ命ニヨリ…藤岡町ヲ杉山巡査ト共ニ発シ上日野村字小柏マデ着ス同月六日…尚不審ヲ生シ厳密探偵スルモ暴徒等カ集合ノ為メ登山シタル様子無之　依テ賊ヘ加入シタル者ノ人数ヲ探ルニ小柏常吉《常次郎》新井多六《多六郎》外三十余名加入シタル事探知スルニ依リ同人等ノ内ニ帰宅シタル者ノ有無ヲ探クルニ其際ハ帰宅シタ者無之ニ付右探偵ノ上午后九時帰署復命ス」（5．633）

もし、日野村の帰村組の人々がその供述書の通り「焼く」の「斬る」のと脅されて連れ出され、槍や刀に驚いて逃げ帰っていたならば、この時、室井巡査等が探知できないはずはない。警察は日野からの参加を小柏常次郎、新井多六郎他三十余名と探り出していたのである。そこで、彼らはこの時まだ帰村していなかったか、あるいは帰村していたとしても何らかの目的で潜伏していたのではないかという疑問が生ずる。

日野村の人々がなぜ嘘の供述をしたのか。それは当然彼らが相応の働きをしたからである。前述のとおり、信州隊には多くの日野村の人々が参加しておりその数は十名を超える。それに対して金屋部隊に加わったとされる人数はあまりにも少ない。日野村逮捕者の中で金屋まで突き進んだことを供述しているのは黒沢勇次郎ただ一人で、金屋で戦死した太田政五郎と本野上村で斬殺された西沢角太郎を加えても三人に過ぎない。群馬県の岩鼻へ通じるコース途中にも当たる児玉に向かうのにわずか三人とは何とも少ない。三人のうち二人が死に一人だけが逃げ帰ったというのも不自然である。しかも、このことを自供した黒沢勇次郎も一回目の尋問では皆野近くの親鼻より逃げ帰ったと供述しているのである。こうした諸々の点から浮かび上がるのは日野村参加者の主力は金屋隊の中にいたという可能性である。

## 4. 紫頭巾の隊長

金屋隊の隊長が誰だったのかについては明らかではない。しかし、隊長格の人物については次のような供述がある。

「大将ラシキモノハ紫ノ頭巾ヲ冠《かむ》リ年三十歳位ノ者ニシテ」（村田竹五郎供述2．831）

「大将ハ一目見受ケタルマテニ有之候其風体《ふうてい》ハ年ノ頃三十四五歳ニテ少シ髯《ひげ》ヲ生ヤシ顔色白ク中背中肉ニテ黒ノ羽織ヲ着袴ヲ着紫ノ布ニ而《て》面ヲ包ミ刀ヲ差シ居リ申候」（中庭駒吉供述2．674）

「大将ラシキ四五名陣笠ヲ冠リ或ハ頭巾ヲ冠リ皆袴ヲ履キ」（高田坂蔵供述）

大将と呼ばれた男たちが総大将なのか小隊を率いるレベルの大将であったのかは定かではない。しかし、大将格の人物が複数いて、その何人かが頭巾あるいは覆面の姿であったことは間違いない。この頭巾あるいは覆面の男たちとは一体誰なのだろうか。

先に紹介した本野上村連合戸長役場文書（本書p82参照）により一人は明らかになっている。この役場に踏み込んだ部隊の隊長が金屋隊全体を統括する立場にあったのか、あるいは一小隊の隊長であったのかは不明である。しかし、役場という被占領地の重要機関に立ち入り、ここに指示を出していることから考えて、この人物が金屋隊の中でもかなり上位にいたであろうことは想像できる。役場で木村照吉と名乗った木口大次郎は金屋の戦い敗戦後、離脱途中に逮捕されている。その裁判言渡書には次のようにある。

「被告大次郎ハ武蔵国秩父郡ニ於テ田代栄助等ノ嘯聚《しょうしゅう》シタル暴徒ニ附和シ明治十七年十一月三日大宮郷へ着シ同所ニ於テ氏名不知暴徒ヨリ貰ヒ受ケタル袴ヲ着シ白木綿ノ鉢巻襷ヲ為シ刀ヲ帯ヒ翌四日皆野村へ随行シ尚八幡山へ進行ノ途中金谷《屋》村ニ於テ暴徒等官兵ニ逆撃セラレ既ニ潰走《かいそう》セルト聞キ道ヲ転シテ城ケ峯へ到ラントスル際逮捕セラレタル…（以下略）」（3．246）

この様に、役場に押し入った隊長の木口大次郎は北甘楽郡岡本村（現富岡市）から参加した二十五歳の青年であった。また、副隊長格の人物は「副ラシキ壱名ハ高崎藩トノミ其姓名不名乗《なのらず》至テ強気ノモノナリ」とあることから群馬の人物である可能性が高い。もし、元高崎藩の士族であった場合には高崎の民権結社「有信社」のメンバーである可能性がある。

もう一つ頭巾の男たちが登場する場面がある。三十一日深夜、城峰山で捕虜となった陸軍測量士の吉田耕作は後日次のような報告書を提出した。

「各月三十一日夜十二時過キ…多勢二階ニ登リ来リ捜索ヲナス様子只タ事《ただごと》ナラジト察シ起座

シテ障子越シニ測夫ニ何者ノ来リシカト問ヒシニ之答ヘス賊ニ向ヒ、オマイ《お前》方静ニセヨト談シカケシニ賊等之《ぞくらこれ》ニ応セス…敷居外ニ抜刀木剣及ヒ火縄銃ヲ持構ヘタル強盗ナリ各自ニ面部ヲ覆ヒ…」（4．963）

深夜突然武装した集団に囲まれた吉田は、彼らを「強盗」と表現しているが、「面部ヲ覆ヒ」と押し入った人々が覆面姿であったことを伝えている。この時の模様について押し入った側の、三波川村（現藤岡市）の横田周作は次のように供述している。

「上日野村新井寅吉カ先立トナリ姓知レサル其村ノ弥十郎外七名ヲ連レ来タリ（此者共ハ北甘楽郡国峰村恩田宇一《遠田宇市》日野村小柏常吉等ノ煽動ニ而参リタル由）シ故直チニ其者共ヲ浅井恒十郎方ニ差シ向ケタリ　然ルニ其内三人ハ間モナク上日野沢村門平方ニ行キ二人ハ鉄砲ヲ取リニ日野村迄帰リ残ル四人カ浅井方ニ居リタリ　其夜ニ至リ田代栄介ヨリ神奈川県下ノ太郎《柏木太郎吉》ト申ス者ヲ自分方ヘ遣シ城峰山ニ居ル陸軍側《測》量師ヲ日野沢村江《へ》連レ来タレト申越スニ付キ恒十郎方ニ残リ居ル日野村ノ四人ニ太郎吉恒十郎兵蔵城峰山ニ至リ側量師ヲ恐迫《脅迫》シテ上日野沢村ノ門平方ニ連レ行キタリ」（3．34）

横田のこの供述によって吉田耕作らの宿舎に押し入った覆面の男たちの内四人は日野村の人達であった事が証明される。この日野村の人々こそ十月三十日、上日野村小柏耕地を出発した秩父事件中最も早く行動を起こした人々である。そして、金屋の戦いで戦死した太田政五郎はその中の一人である。横田周作供述の中にある「二人ハ鉄砲ヲ取リニ日野村迄帰リ」の内の一人が太田政五郎で、太田は翌三十一日深夜、別の一隊を率いて再び秩父入りしている。太田政五郎自身が頭巾をかぶっていたという資料はないが、新井寅吉とその仲間たちの活躍から考えて、太田も幹部の一人として金屋隊を率いていた可能性が高い。

以上、頭巾あるいは覆面の男たちをめぐる多くの供述や報告によって、金屋隊の中に上州人が居て、隊長格として活躍したこと、また、日野村の人々の中にも覆面姿で活躍をした人物が居たことが分かった。日野村からの参加者の多くがなぜ、早々に逃げ帰ったと嘘の供述をしているのか。その理由はここにあるように思える。彼らは金屋隊の中核を形成しこれを率いて闘った人々だったのではないだろうか。

ところで、「抜刀隊ハ進メ進メ」と号令しながら敵弾に倒れた隊長格が誰なのか。このことについては、風布村の大野苗吉ではないか、という説が有力であった。

苗吉等風布村の指導者は「天長様ニ敵対スルカラ加勢シロ」と村の人々に働きかけたとされている。このことと「抜刀隊ハ進メ進メ」と呼びかけながら銃弾に倒れた姿と重なって大野苗吉説がつくられた。実際に金屋隊の中に、大野苗吉を目撃したという引間元吉の供述もある。

しかし、彼は金屋で死んだのではなく、信州に向かったという次のような供述がある。
「問　福次郎其他之者ハ南甘楽郡山中ヘ越シタルカ
答　奈伊吉《苗吉》ハ越シタレ共其外之者ハ見受ズ」（風布村・坂本儀右衛門1．364）
「問　内吉《苗吉》ハ如何シタルヤ
答　夫レモ信州ニ行キ行衛不分明」（風布村・岩松太郎1．328）
消息不明となった苗吉が金屋で指図役とか隊長、副隊長として活躍したという資料は得られないので、金屋ではなく、信州で戦死したと見る方が妥当と思われる。
前述したように金屋隊の中には日野村の人々をはじめとする群馬の人々がいた。しかも彼らの中には明らかに頭巾や覆面の人物も隊長格として活躍した人もいるのである。死んだ隊長格の人物は群馬からの参加者の可能性が高い。誰が隊長格であったかを特定する範囲は、ここで戦死した群馬人に的が絞られる。身元が分かっている戦死者の中で群馬人はただ一人、上日野村の太田政五郎だけである。
太田政五郎は秩父事件へと最も早く行動を起こした新井寅吉組の中の一人である。組のメンバーは新井寅吉、小沢弥五郎、黒沢卯之吉、山口庄吉、小林和吉、山田鉄五郎、小板橋辰五郎、太田政五郎の八人で、十月三十日の深夜上日野村を出発し、信州で困民党軍が崩壊するまで数々の活躍をする。新井寅吉等四人は信州まで遠征し山田鉄五郎はそこで戦死する。また、前述したように三十一日深夜、城峰山で陸軍測量士を捕らえた七人のうち四人はこの組のメンバーであった。さらに緒戦において青木巡査を捕らえたのも小沢弥五郎等であり、小沢は信州に入ってからも抜刀隊を率いて活躍する。太田政五郎こそ、人々を率いて金屋の地で戦死した隊長格の人物に最もふさわしいと思われるのである。

# 論文3　困民党軍自由隊と群馬県上・下日野村

秩父困民党軍の中に自由隊を名乗る一隊があった。隊長としてその名が挙がったのが小柏常次郎、新井寅吉、遠田宇市の三名である。この村の人々はなぜ自由隊を名乗り、困民党軍が壊滅する最後までその中核を担ったのか。上・下日野村の人々の活躍の様子を紹介し、この事件の実相に迫る。

## 1. 新井多六郎の活躍

秩父困民党の戦いは十一月九日の信州東馬流の戦いとそれに続く海の口の戦いをもって終結したとされている。十一月一日、秩父郡下吉田村椋神社に蜂起した秩父困民党は翌日には郡都大宮郷を制圧、一時は秩父郡のほぼ全域を制圧したものの、四日には本陣が崩壊、金屋では官兵の待ち伏せ攻撃で大敗。それでも残存部隊が信州まで長駆し、一時勢力を盛り返したものの、ここでも近代的武器で装備した官兵に対抗する術なく、敗退したのである。

しかし、困民党の戦いを「闘い」として見た場合、東馬流、海の口の戦いが最後ではない。信州において困民軍が壊滅して後もなお、「闘い」を続けていた人々がいた。次は群馬県多胡郡の様子を調査した藤岡警察署永井巡査の報告書である。

「十一月九日…十二時過塩村《しおむら》戸長役場へ到着　戸長向井周弥へ面会セシ処先時密告セシ者アリタルトテ其ノ次第ヲ聞ケハ今回暴徒ノ巨魁ノ一人ナル日野村新井多六《多六郎》（強盗犯アリ捜査中ノモノナリ）ニ於テ大沢村金蔵ノ宅ヘ来リ煽動スルニハ今ヤ群馬県巡査ハ総テ下仁田其ノ他ヘ出張シ内部ハ人少《すくなき》ニ付此ノ機ヲ失セスシテ再挙スレハ人少ナルモ事成ルヘキ趣ヲ述ヘタリトノ事着服ハ審《つまび》ラカナラサルモ白地ノ浴衣ヲ下タ着ニ致シ草履ヲ履キ大和杖ヲ所持シ居ルトノ事ニテ

現ニ東谷村字落合ノ兵三郎《加部兵三郎》宅ニ止宿シ昨八日朝北甘楽郡天引村へ向ケ出立シタリト　実ニ容易ナラサル儀ナレハ…」（5．627）

菊池貫平率いる信州隊が崩壊した頃、菊池らの動きに連動するかのように、新たな戦いの場を切り開く可く努力を続けていた人たちがいたことをこの資料は伝えている。群馬県多胡郡の大沢村、東谷村、これに隣り合う北甘楽郡天引村などでは下日野村の新井多六郎とその同志が活発に動いていたのである。

この報告によって事態を深刻に受け止めた警察の緊急配備によって、二日後の十一日、新井は逮捕され、続いて天引村の古館市蔵や古館竹次郎、北甘楽郡白倉村の竹内嘉市らもその協力者として逮捕され、こうして新井等の計画は実現する事なく終わる。彼らの秩父事件は、少なくとも十一日までは続いていたのである。

さて、新井等の動きに関して重要と思われるのは、彼等が何を意図して行動していたかと言うことである。彼等は本当に蜂起を画策して行動していたのか、それとも官側を牽制するための行動であったのか。

新井の活動に連座して逮捕された人々の数は余りにも少なく、この点から考えると警察の背後を突く構えを見せて、信州隊の活動を助けようとした牽制的行動とも取れる。この報告には

「群馬県巡査ハ総テ下仁田其ノ他へ出張シ内部ハ人少ニ付」という部分があるが、困民党軍蜂起の当初、群馬県警察は、警備本部を秩父と隣り合う鬼石町に置いた。しかし、困民党軍が秩父から群馬県山中谷さらに長野へと転戦するその動きに合わせて、警備本部を信州に近い下仁田に移動していたのである。警備体制ははっきりと信州に向けられていた。多胡郡やこれに近い北甘楽郡天引村などで蜂起の動きを見せることが出来れば、信州隊に向けられた警備体勢を根底から崩すことが出来る。ここで新たに困民党軍が動き出せば、背後を突かれることになるからである。蜂起に至らなくても、その動きを示すことは、官側を牽制す

日野谷風景
手前の集落は旧下日野村駒留、遠方右の山は西御荷鉾山

る意味で非常に有効であった。

では、新井等の動きは牽制のための見せかけだけのものだったのか、というとその様にとらえ切れない面もある。蜂起に向けた活動であった可能性も高いのである。

新井が活躍した村々は、日野村に隣接する地域である。すっかり車社会となってしまった現在では新井の居村日野村とこれら地域の直接的な交流は全くなくなってしまったが、当時この地域は小梨峠、亀穴峠等によって日野村としっかりと結ばれ、深く交流した地域であった。つまり、新井の背後には日野村の組織が在ってこれを支えていた可能性があるのである。後述するが、彼の居村日野村は強固な自由党組織があって、官側にとっては、終始不穏な動きを見せていた。新井の活動が、もしも日野村の組織と連携した動きであったとすれば、この活動は蜂起を目指す本格的な活動であった可能性が出てくるのである。

## 2. 自由隊の村

### (1) 小柏常次郎の活躍

上・下日野村は、事件に際して多くの人々を秩父へ送り出した村である。また、常次郎をはじめ信州隊で活躍した新井寅吉・貞吉親子などを輩出したことでも知られている。この村に逮捕の手が入るのは十三日の未明のことである。それまで、この村には、警察や郡の役人が巡視に訪れているものの、一人として逮捕されたものはいない。村の人々はこの日まで自由に行動できたのである。もしも、この村に多くの人々を送り出す母体となった組織が無傷で残っていたとすれば、新井多六郎の活動の背後にこの村の人々がいた可能性が高い。

この村の人々を組織し、秩父に導いた中心人物は上日野村の小柏常次郎である。彼は秩父困民党が蜂起に至るまでの立て役者であり、蜂起後も終始田代栄助の傍らにいて参謀格として働いていた。困民党軍役付表では小荷駄方という目立たない地位にあるが、最重要人物の実質的な働きを隠すためのものと考えられる。小柏は皆野における本陣解体の後、逃亡したとされているが、しかし、そう解釈する根拠は彼自身の供述と、ほか僅かな幹部が「逃亡」を語っているるのみで、他にこれを証明するものは何もない。しかも小柏の供述については疑問点が多く、その言葉通り逃亡したと見るのは問題がある。彼は本陣の解体後日野村に戻り、組織固めに奔走していた可能性があるのである。

逃亡説の根拠となっている小柏供述の中の幾つかの疑問点について考えてみたい。

まず、逃走経路についてである。彼は次のように供述している。「自分共五名ハ秩父新道ニ而其モノ共ニ出会ヒ吉田村ノ下迄共ニ行日ノ暮レルヲ相図ニ自分共五名ハ逃ケ去リ杢ノ神社《椋神社》ニ至リ夫ヨリ井ノ上ニ逃ケ上リ夫ヨリ井上伝蔵方ニ至リ鞋ヲ乞ヒ受ケ夫ヨリ思ヒ思ヒ逃亡セント相談ヲ為シ五名ノ者伝蔵方ニ至ルニ伝蔵方にハ大勢ノ人数カ居ル様子ニ付見付ケラレテハ大変ト思ヒ四名ハ表ヘ飛出シ自分ハ裏ノ方ニ逃ケ茲《ここ》ニ五名散々ニナリタ

秩父事件顕彰板
藤岡市上日野小柏・養命寺

リ　夫ヨリ自分ハ下吉田村ニ逃ケ去リ井上ト申ス處ノ田圃ノ渕ニ刀ヲ捨テ上吉田ノ方ニ至リ…」(3．181)

供述中の「自分共五名」とは、小柏常次郎・伊奈野文次郎・新井貞吉・坂本宗作・柳原正雄の五名である。疑問の一つは、「井上伝蔵方ニ至リ鞋ヲ乞ヒ受ケ夫ヨリ思ヒ思ヒ逃亡セント相談ヲ為シ」の部分である。逃亡しようと五人で相談をしたというが、坂本宗作、稲野文次郎、新井貞吉は信州馬流しで困民軍が壊滅する最後までこれを率いた幹部であり、このとき常次郎と共に逃亡をはかったとは考えられない。次に、「逃ケ去リ杢ノ神社ニ至リ」との供述である。椋神社は困民党軍蜂起の地であり、困民党軍の根拠地ともいうべきところである。逃亡を企てた人間がそこに行くというのはおかしな話である。実際に、十一月四日の半納横道の戦いで柱野警部を戦死させ、前川巡査を捕虜にした島崎嘉四郎らの一行はここに立ち寄った後、信州隊の後を追っているし、また、金屋の戦いに敗れた部隊も、ここを目指して退却している。彼等が本当に逃亡を企てていたとするならば、椋神社は最も避けなければならない場所なのである。また、「四名ハ表へ飛出シ自分ハ裏ノ方ニ逃ケ茲ニ五名散々ニナリタリ」という部分もおかしい。「茲ニ五名散々ニナリタリ」という事実はなく、少なくとも、前述の3人は信州隊を率いている。また、一人逃げ去ったものがこのようなことを確認できるはずがない。さらにこの中の逃走経路も疑問である。供述の中に出てくる経路は次の通りである。

［秩父新道→吉田村ノ下→杢ノ神社→井ノ上→井上伝蔵方→下吉田村→井上→上吉田］

椋神社は下吉田村、井上伝蔵宅は下吉田村井上耕地にある。下吉田村の中心街は神社よりも下手に位置し、井上耕地は椋神社よりも上流部にある。このような位置関係を考えると、この常次郎の行動は全く不自然である。また、短い部分ではあるが、その中に「逃げ」の文字が多いのも却って不自然に思える。

第二の疑問点は彼の逮捕の日時についてである。彼は十一月十三日夕方万場分署において自首逮捕されているが、これは日野村に帰村していた人々が逮捕された日と同じなのである。彼の居村日野村と逮捕された万場町とは山一つ隔てた位置関係にある。日野村に逮捕の手が入ったのは十三日の未明。新井多六郎等と連絡を取りつつ活動していた常次郎が、未明の逮捕を逃れて万場町に脱出し、そこで自首したとすれば日時は完全に一致する。

第三の疑問点は他の幹部の動きから見た常次郎の動きである。

群馬からの参加者の中では、常次郎以外に上日野村の新井寅吉・新井貞吉父子、国峰村の遠田宇市、三波川村の横田周作らが幹部として働き、常次郎以外は信州隊を率いて最後まで戦い抜いている。また、新井多六郎は前節で述べた通り十一月十一日、日野村に隣接する多胡郡東谷村、甘楽郡天引村などで作戦活動中のところを逮捕されている。この様に常次郎を除く幹部は全員が最後まで戦い抜いているのである。彼等の中心にいた人物がただ一人逃亡したとは考えにくい。

以上諸々の点から、常次郎がその供述通り逃亡したとは考えられない。四日の本陣解体の後も何らかの活動をしていたと思われるのである。

（2）自由隊

秩父困民党軍の中に「自由隊」と称する部隊があったことは知られている。秩父事件で捕らえられた人々の中でこの名を供述した人が三人いる。国峰村の中野亀次郎、下日野村の柴崎豊作、秩父郡般若村の柴崎平吉である。

このうち柴崎豊作は次のように答え、隊長の名前を小柏常次郎と答えている。

「問　汝ハ何々隊ニ付隊長ハ誰ナル哉

答　自分ハ自由隊ト申ス隊ニ付隊長ハ小柏常次郎ニ有之候

問　汝ハ前ヨリ加担致居リシ哉

答　曩《さき》ニ自由党員ニ加入既ニ人名簿ニ調印仕候　仰ノ如ク前々ヨリ加担　仕《つかまつり》居《お》リ申候

問　然ラハ有志ニテ賊ニ与セシ哉

答　曽テ自由党員ニ加入　然ルニ今般大宮郷ニ会議有之趣キ聞込候ニ付小柏常次郎ニ付添ヒ有志ニテ出発セリ」（３．１１４）

これと同じように中野亀次郎は遠田宇市、柴崎平吉は新井寅吉を隊長として名前を挙げている。奇しくもこの地方の指導者である三人が隊長として名前を挙げられたことは、彼らが秩父に率いた人々が自由隊のメンバーだったと見て良い。秩父の柴崎平吉が自由隊を供述したことは彼が新井寅吉の身近にいて、信州行の中で自由隊の一員となり戦ったということであろう。新井寅吉に率いられた日野村及びその周辺諸村の人々が信州への行軍の最後まで、自由隊の組織を保ちつつ自由隊の名前を掲げて行動していたことを意味しはしないだろうか。

次は弾薬輸送の任務を負って信州まで戦い抜いた農民の供述である。

「近年農方一般疲弊ヲ極メ難渋ニ付自由党ノ総理板垣退助ト申ス者大坂ニ在テ全国ノ人民ヲ救ノ為メ事ヲ起シ諸所方々ヨリ一時ニ騒立高利貸ヲ潰シ租税向等モ減少スル様ニ相成ル筈ニテ秩父郡ニテハ本月一日ヲ期シ人民騒立候ニ付同所へ赴キ模様ヲ見来リ群馬県ニ於テモ続イテ騒立ル積リニ付秩父郡ノ模様見ニ可参ノ勧メニ依テ一日カ二日ニ而帰ル心得ニテ考モナク常次郎等ニ随行シタル段今更恐入候」（３．１２７）

この農民は、この内容をだれから聞いたかという問いに対し、新井寅吉と遠田宇市が話した内容であると答えている。この供述の中に新井寅吉、遠田宇市等の思想を読みとることが出来る。彼らの信州隊への参加と活躍はこのような思想を背景としている。秩父の蜂起は、群馬を始め広域蜂起の計画の先駆け的蜂起であり、彼らが活動を続ける限りどこかでの同志が続いて蜂起してくれるはずである、という考えである。当然信州隊は敗残部隊などではない。新井寅吉ら日野村の人々が最後まで組織的に参加していたのはそのような理由からであろう。「自由隊」の名前には、自由党の軍隊であるという、誇りと自信の気持ちが込められているのではないだろうか。

（3） 小柏八郎治

新井多六郎、小柏常次郎らと並んでもう一人、日野村には重要な人物がいる。上日野村の豪農、小柏八郎治である。下吉田村貴船神社の神官田中千弥はその記録『秩父暴動雑録』の中に次のような部分を書き記している。「上毛日野谷小柏八郎ト云者ハ頗《すこぶ》ル大豪ニテ門閥家《もんばつか》ナリ 当主小柏八郎ハ旧《もと》自由党ノ者ナリシガ其《その》旧家抱《けほう》ト唱ヘシ者ナド暴徒中ニ見エタリト云リ」（6．97）

八郎治は事件には無関係と判断されたのか、警察の追及も受けず逮捕もされなかったため尋問調書をはじめ裁判に関わる資料はない。しかし、彼の名は多くの資料に登場しそれらから推測する限り、彼が事件にかかわった形跡は濃厚である。

八郎治の小柏家は鎌倉時代以来続くと言われるこの地方きっての名門であり、平清盛の孫維盛が武蔵国国司在任中に生まれた子維基をその祖とするという。執権北条氏の代になって勢力を強め、管領上杉家や後北条氏武田氏などに仕えた後、家来との主従関係を維持したまま江戸時代を迎えた。

江戸時代、日野村は二万石の大名吉井藩松平家の領するところとなったが、小柏家は70数戸の家抱を有す土豪としての権勢を維持し、地元日野や三波川では殿様と言えば、この小柏家のことを言ったのである。甘楽郡南牧村にある名刹、黄檗宗黒滝山不動寺は同地の豪族市川氏と小柏氏が協力して再建したものである。奈良時代、行基が不動明王を安置した事により始まると言われる同寺は、延宝三年（一六七五年）五代将軍徳川綱吉が帰依した潮音禅師によって新たに黄檗禅宗黒瀧派の本山として開山したと伝えられ、元禄年間には末寺２００あまりを数えたという。この潮音禅師をこの地に招き、開山のための資金援助をおこなったのが市川氏と小柏氏であった。不動寺は現在も山岳信仰の霊場としてにぎわっている。この市川氏からは信州に広大な新田を切り開いた五郎兵衛が出ている。又、幕末昌平校の学頭になった市川寛斎、その子で幕末三蹟の一人といわれる米庵もこの市川氏一族の出身である。市川氏と小柏氏は縁戚関係を維持し続け明治に至っている。
小柏家は見渡す限りの山林３０００町歩を有する大地主であったが、明治二十年代に埼玉県児玉郡出身の貿易商、原善三郎と起こした事業に失敗し没落した。しかし、昭和の初め頃までは旧家抱の人々との関係は維持し権威ある地位を保っていた。新しく着任した駐在は、必ず小柏家にあいさつにやってきたという話も残っている。
秩父事件には、この八郎治の住む小柏耕地からも多くの人々が参加している。新井寅吉、貞吉父子、小沢弥五郎が幹部として信州隊に加わり、金屋で太田政五郎、馬流では山田鉄五郎が戦死するなど、日野村からの参加者の中でも、この耕地の人々は特に目覚ましい活躍をしている。これらの人々の事件への参加と活躍は、八郎治と無関係に行われたとは考えにくい。八郎治の積極的な指示があったと考えるのほうが自然である。
次の警察の探偵資料には、八郎治が困民軍の重要人物として登場する。
「秩父郡大宮郷
張本人　田代栄助
同　副長　柴岡熊吉
オブスマ　同　堀口治三郎

矢納村　同　新井兵蔵
同　同　島崎周作
石間村　同　姓不知織平
…途中略…
北甘楽郡
張本人　小柏八郎
右之外連名有之候得共未夕不探鑿《たんさく》ニテ御座候也
十月廿三日迄探鑿」（5．846）

先の『秩父暴動雑録』には「小柏八郎ハ旧自由党ノ者ナリ」と記され、警察史料では「張本人」として登場した。田代栄助の名前が張本人として最初に登場し、次に副長として柴岡熊吉や加藤織平等の名前が登場することから考えて、この張本人とは困民党の「総理」に該当するものであろうか。とすれば、八郎治は群馬側の「総理」ということになる。

地元小学校の沿革史に当時学務委員を務めた八郎治が寄せた次の意見文がある。

○小柏学校沿革史より

「意　見

当校ヲ維持スルノ計画ハ頗ル至難ト云ハザルヲ得ズ何ントナレバ本村ノ如キハ山間ノ僻邑《へきゆう》ニシテ地勢狭長戸数僅少《きんしょう》ニシテ人民資産ニ乏シケレバナリ然ルニ生徒ハ日進月歩スルニ随ヒ費額相嵩《かさ》ムニモカカハラズ昨年以降世間非常ノ不景気ニシテ金融塞塞《そくそく》物価低落ノ為メニ土人家ヲ破リ産ヲ傾クモノ往々之レアリ之レニ由テ之レヲ見ルニ目今《もっこん》一時ニ定額金ヲ増加シ維持ノ方法ヲ計ルヨクバ他日物価旧ニ復シ聊《いささ》カ不景気ヲ挽恢《ばんかい》スルヲ待チ然ル後チ相当ノ金額ヲ増加セバ従テ学事隆盛ヲ来スベキ也

明治十七年六月

多胡郡第十三学区上日野村

小柏学校学務委員　小柏八郎治　」

（『藤岡市史』資料編　近代・現代）

ここには明治十七年六月の日付があり、村の深刻な経済状況が描き出されている。困難な状況の中で教育行政を直接負わされた八郎治の行政に対する大きな懸念と憤りの気持ちを読みとることができる。

また、次の史料もある。

「高橋郡書記日野村へ出張只今帰局　同氏目撃セシ該村現状左ニ
一　本月一日上日野村内字小柏人民凡三十名銃砲携へ秩父郡へ出向セリ
一　小柏八郎暴徒加盟ノ義ハ無根ノ事ナリ現ニ在宅高橋面会ス
一　同字耕地人民昨夜衆会《しゅうかい》シ挙《こぞ》ッテ暴徒ニ応ゼン事ヲ謀リシ趣
以下略
十七年十一月四日　　　　　　緑埜多胡郡役所詰合」（5．740）

これは、日野村に調査に入った郡の書記官が村の様子について報告したものである。「小柏八郎暴徒加盟ノ義ハ無根ノ事ナリ」と八郎治の在宅を敢えて強調しているのは、別の書記官の「昨日来多胡郡日野村辺ヨリ凡ソ三十名程銃砲及竹杖等携同村字芋ヶ谷ヲ経テ秩父郡へ立越候者有之　右ノ内小柏辺ノ者雑リ居候ヲ見受ケシ由（最モ小柏辺ノモノ多キ由）且ツ小柏八郎次モ暴徒ニ加ハリタル旨頻リニ風評セリ」（5．731）という報告を受けてのものである。「加盟ノ義ハ無根ノ事ナリ現ニ在宅高橋面会ス」と、強く八郎治を弁護してはいるものの、秩父に応ずる決起計画の存在をこの史料は明確に示している。地元の権力者八郎治の足下の小柏耕地で「挙ッテ暴徒ニ応ゼン事ヲ謀リ」という集会が開かれたと言うことは、八郎治もこれに関わっていたと言うことである。

この報告には四日の日付が在ることから、小柏耕地の人々が三日の晩に集会を開いたことが分かる。彼らは、ここで秩父に応じて決起することを決議したのである。

事件当時の日野村の状況に付いて、別の書記官は次のように報告している。

「上・下日野両村内民情之模様外面ヨリ見ル時ハ平穏無事之如シト雖モ其内幕タルヤ四五名位ツツ此処彼処《ここかしこ》ノ諸所へ集ヒ或ハ談ジ或ハ語リ今ニモ以テ好機アラバ応ジ組出サントスル勢ヲモ有之哉ニ見受ケ候ニ付…」（十一月三日夜郡書記の報告、5．738）

この報告は、表面上は平穏を装いながらも、その裏では好機を窺って動き出そうとしている村の人々の緊迫した状況を伝えている。先の資料の「挙ッテ暴徒ニ応ゼン」というという動きは、小柏耕地だけにとどまらず、上・下日野村全域のものとみてよい。

以上、小柏常次郎、小柏八郎治ら日野村の人々やこの村の情勢についてのべてきたが、このように、この村には蜂起の動きがあったのである。新井多六郎の活動の背後には日野村の組織があったと見る事ができる。多六郎の動きは単に官側の動きを牽制するためのものではなく、実際に蜂起を計画しての行動であったと思われるのである。それにしても、これだけの報告がそろいながら、実力者小柏八郎治はなぜ逮捕されないのか、そればかりか拘引もされなかったのはなぜか。ここに、秩父事件の大きな謎が隠されていると思うのだが、この点については別の論文の中で明らかにする。

## ３．日野村周辺諸地域の動き

次に、新井多六郎が組織活動を展開していた北甘楽郡や多胡郡の様子について見てみたい。北甘楽郡白倉村から参加した竹内嘉市は群馬事件後のこの地方の自由党員の活動について次のように供述している。

「問　帰村ノ上市蔵《古館市蔵》ト共ニ人数ヲ集メタルカ

答　帰村シテ見レバ御上ミノ御手配モ厳重故ニ充分ニ集ムル積リニモナラズ　同村ノ山田広吉ニハ秩父ノ景況ヲ話シタレ共平素身弱之者故出ル気ニモナラズ　天引村古館竹次郎ニ話シタルニ同人ハ頻リ出度《しきりにでたき》風モ見エヘシガ壱人位ノ事殊《こと》ニ御手配モ巌敷《きびし》キ故夫《そ》レナリニ思ヒ止マリタリ

問　造石《つくりいし》村永岡直吉《長岡直次郎》ニハ人数ヲ集ムル事ヲ謀ラザリシヤ

答　古館竹次郎ト同道シテ五日ノ日ニ直吉ノ宅ヘ参リテ謀リタルニ同人ノ申ニ上丹生《かみにゅう》村暴動事

変ノ後ハ自由党ハ皆寝入テ左様ナル処へ出ルモノハ壱人モナイト断ラレタリ」（３．６６０）

竹内は長岡直吉の言葉として「上丹生村暴動事変ノ後ハ自由党ハ皆寝入テ左様ナル処へ出ルモノハ壱人モナイ」とこの地域の状況を陳述し、これが群馬事件後のこの地域の様子を物語っているとも言える。しかし、この言葉で、この地域の情勢を「自由党ハ皆寝入テ」と判断してしまうのは問題がある。例えば、竹内の供述に登場する古館竹次郎は次のように供述する。

「問　市蔵《古館市蔵》ヨリ暴動ヲナシ居ル事ヲ聞タルノミナラズ何歟《なにか》共謀シタル事アルベシ

答　恐入候　実ハ市蔵ガ帰リ来リテ私ニ申ニ人数ヲ揃ヘテ再度《ふたたび》ヒ秩父ヘ加勢スル事ニ約束シテ来タカラ人数ヲ集ムル方ニ尽力セヨト云ハレ同人ト同道シテ白倉村竹内嘉市方ヘ参リ秩父郡ヘ加勢ノ人数ヲ集メ呉ル様談《はなし》シタルニ嘉市ハ直ニ承知致シタル故帰宅致シ居ルト明ル日ト覚ヘ白倉村ニハ関係スル者ハ壱人モナイト嘉一《市》ヨリ断ハリ来リシ趣市蔵ヨリ承リ候」（３．６７０）

竹内嘉市は古館竹次郎と共に長岡直吉に協力を依頼したところ断られたと言い。古館竹次郎は嘉市に断られたと言っている。二人の供述の矛盾は明らかである。どちらかが、あるいは双方ともが嘘の供述を行なっている。したがって「上丹生村暴動事変ノ後ハ自由党ハ皆寝入テ左様ナル処へ出ルモノハ壱人モナイ」という言葉をそのまま真実のこととして受け取るのは問題がある。むしろ、ここでは古館竹次郎の「白倉村ニハ関係スル者ハ一人モナイト嘉一ヨリ断ハリ来リ…」と、嘉市の「自由党ハ皆寝入テ左様ナル処へ出ルモノハ壱人モナイ」という二つの供述の類似性に注意を払うべきである。新井多六郎の連累者としてほぼ同じ頃逮捕されたこの二人は明らかに口裏を合わせている。ここには、仲間に追及の手が及ばないようにとの配慮が読みとれる。「自由党ハ皆寝入テ」と述べて参加を断ったという長岡直次郎本人も次のようにその所在を追及されている。

「明治十七年十一月廿二日調

警部長　　　　調査掛

兇徒驟集《きょうとしゅうしゅう》被告人長岡直次郎外壱人逮捕方依頼案伺

県下北甘楽郡造石村平民

長岡直次郎

同　南甘楽郡神ヶ原郵

平民九市長男

黒沢貞吉

右之者共兇徒嘯集《しょうしゅう》事件之重立タルモノニテ現今踪跡捜査中ニ有之…」（３．６７０）

直次郎も又、何らかの重要な働きをしていたのである。実際、小柏常次郎の妻ダイの供述によって、同村の長岡伊太郎の活躍が証明されている。彼らの周囲には、彼らが守り通した大勢の同志が居たのである。

# 論文4　謎の電報

藤岡・秩父自由党事件のさなか、群馬県新町から発せられた一通の電報があった。しかし、その電文内容は全く事実に反するものであった。この電報にかかわったのは四人、何れも自由党員や民権活動家である。この四人の人物から、電報の背後に見え隠れする、藤岡・秩父自由党事件の真の意図と壮大な事件の構図に迫る。

# 1. 謎の電報

日本の電信は、軍事上、政治上欠くことの出来ないものとして国家事業として進められ、明治六年には東京長崎間、翌年には東京青森間が開通した。明治七年の佐賀の乱、神風連の乱でその力を証明し、西南戦争の時には電信線は南下する政府軍と共に延長されたという。電信は生糸などの横浜貿易に携わる人々がいち早く利用したという話もあるが、多くの一般民衆には無縁であったばかりか、時には憎しみの対象でもあった。新政府に対する暴動が起きたときには真っ先にねらわれたのが電柱や電信局などの施設であったという。秩父事件でも、次の供述があり、電信施設の破壊が計画段階で議論されたことがうかがえる。

「此時小柏《小柏常次郎》モ斯ク秘密会議ニ於《か》テ決着シタルニ付キ追テ電信ノ柱等モ折挫クト申シ又惣作《坂本宗作》ヨリ追テ通知モ致シ」（大野福次郎尋問調書1．３４７）

ところが、事件関係の資料を見る限り、電信柱が倒されたり、電信線が切断されたという形跡は見られない。結局、秩父事件でも、電信は大きな威力を発揮し、政府軍の素早い出動となって困民党軍を追いつめるのである。なぜ困民党は電信施設を破壊しなかったのか、どうも次の資料に関係しているように思える。

「追テ左ニ記スル電報ノ写ハ昨三日附ニテ南甘楽郡魚尾《よのお》村黒田金八郎ナル者ヨリ新町駅三ツ股《三俣》七郎衛ナル者へ托シ東京浅草新福富町ニ在ル黒田円蔵《黒沢円造》茂木嘉内《賀内》へ報告シタル由　浮説《ふせつ》ノ最モ甚シキモノニテ謬伝《びゅうでん》百出之折柄如此《このごとき》無形之説ヲ電報スルハ暴民ノ勢ヲ声援スルモノト被考《かんがえられ》候条一応上申致置候也

電報写

チチブヨリ、ワルモノ、ニセンヨ、キタリ、マンバ、ノコラズ、ヤイタ、タイヘン、スグカイレ、サタキタ　」（5．356）

『秩父事件史料集成』の中には、慌ただしく打たれた官側の電文が数多く収録されているが、この報告は唯一、民間から発せられた電文に関するものである。電文は「秩父より悪者二千余来たり、万場残らず焼いた、大変すぐ帰れ、沙汰来た」と訳せる。

実に奇妙な電報である。「マンバノコラズヤイタ」とあるが、万場の町が焼けたという事実はない。また、「悪者」、おそらく秩父困民党軍を言っていると思われるが、二千名もの困民党軍が万場町になだれ込んだこともない。また、菊池貫平率いる困民党軍百数十名が屋久峠を越えて万場の上流部に位置する魚尾村になだれ込んだのは五日のことなので、これを見誤って、あわてて電報を発したと言うことでもない。

万場町（現在は群馬県神流町）は、秩父に接する群馬県南西部、神流川沿いにある町である。当時は群馬県南甘楽郡万場村であった。神流川筋のこの地域は山中谷《さんちゅうやつ》とも呼ばれ、万場の上流部には菊池貫平隊が宿泊した神ケ原《かがはら》村があり、さらにその先には楢原《ならはら》村白井《しろい》がある。白井から道を急登すると十石峠となりそこから信州である。万場はこの地域で唯一町並みを形成していた。秩父と隣接したこの町は当然秩父事件の影響を受けているが、困民党軍による被害は全くなかった。この電報は全くの誤りなのである。間違った情報を信じて、誤りだらけの電報を発してしまったのか、それとも、この電報に別の意味を込めて発したのか。結論から言えば、後者である。諸々の事情から考えて前者はあり得ない。

この電報の情報を得た巡査は、「如此無形之説ヲ電報スルハ暴民ノ勢ヲ声援スルモノト被考候条」（このごとき無形の説を電報するは暴民の勢を声援するものと考えられ候）と報告しているが、巡査の判断通り、これは困民党軍を支援する側から発せられたものである。

だれが何の目的で発したのか、この電報に込められた意味をここに登場する人物から考えてみたい。

この電報の報告に登場する人物は四人。黒沢円造、茂木賀内、黒田金八郎、三俣七郎衛である。黒沢円造は山中谷神ケ原村の大富豪で戸長。明治二十年代、神ケ原村平原村尾附村魚尾村の四村が合併して中里村となったとき、初代村長となった人物である。信州をめざした菊池貫平率いる困民党軍の一隊が秩父から侵入し、宿泊したのは黒沢の家や屋敷内にあった神平尾小学校校舎などであった。又、黒田金八郎と茂木賀内は共に県会議員。茂木は十七年五月入党の自由党員で小学校長も勤め又、医師でもあった。三俣七郎衛は緑埜郡新町（現高崎市新町）に本部を置く自由党系の民権結社「明巳会《めいしかい》」の幹部である。四人の詳細を見てみたい。

## 2. 電報の四人

### (1) 黒沢円造

秩父事件当時、黒沢の住む神ヶ原村は平原村、尾附村と連合村を構成し、黒沢円造は神ヶ原連合の戸長であった。菊池貫平率いる困民党軍の一隊が秩父から屋久峠を越えこの群馬の山中谷に降り立ったとき宿泊地となったのが神ヶ原村である。山中谷を代表する富豪であった黒沢家はここに広大な屋敷を構え、屋敷うちには、小学校があり、又一角には村社諏訪神社もあった。そのため、困民党の人々は黒沢の邸宅や小学校、諏訪神社などに宿泊するのである。

黒沢円造の墓（神流町神ケ原）

ところで、黒沢とその家族は二度、自由新聞に登場する。一度目は、田母野秀顕顕彰碑建設義捐金寄付者として、娘のとくが一円を寄付したことが明治十七年一月十一日に掲載されている。田母野秀顕とは福島事件で河野広中らとともに検挙され獄死した自由党員である。明治十五年、内乱陰謀罪で検挙された河野ら六人は高等法院に送られ、政府転覆を計画した国事犯とされて河野は軽禁獄七年、他の五人は同六年の刑が確定した。しかし、田母野は当時監獄熱ともいわれたチフスに罹り、十六年十一月に死亡した。自由党は、田母野の死を国家による弾圧の結果としてこれを大きく取り上げ、顕彰碑設立の募金活動を展開した。募金運動は全国に広がり、寄付者の名前は毎号の自由新聞を賑わせたのである。その中の一人が黒沢とくである。

二度目は、黒沢家のことが、自由党の一家として紹介されているのである。次のとおりである。

明治十七年四月六日日曜日　自由新聞

○一家有政党

群馬県下は自由の元気の盛んにして山間僻郷《へきごう》も自由の空気の到らぬ隈《くま》なきは人の能《よ》く知る所なるが上野国南甘楽郡神原村《かがはらむら》辺は自由に熱心なる人々も甚《はなは》だ衆《おお》く之を信ずる事の篤きこと宗教の信者にも勝れる程なりとぞその一例を挙げんに同村に黒澤円蔵《円造》と云うもの有り相応の家柄にて村中にては幅の利く男なるがこの者はいかなる者の塗炭《とたん》にや偶乎《たまたまか》官権主義の風に染《し》みて自由民権の説を聞くことを嫌い戸長等と心を合わして自由の説を追攘《ついじょう》せんことを務め居りたり然るに之に反してその父の当時隠居なる覚朗《かくろう》と云へるは本年八十余歳の高齢にて頭に三冬の雪を戴き腰に初三の弦月《ゆみづき》を張りて尋常の老翁ならましかば飴を舐《しゃぶ》り孫を撫でるの外余事《よごと》も無き程なるべきに此老翁は矍鑠《かくしゃく》として元気甚だ盛んに自由民権の説に頗る熱心尽力をせり其れのみならで円蔵には二女ありて一人は本年十八九次女は十六歳なり二人ともに祖父の気風ありて深く自由の説を喜び父円蔵とは反対の主義を抱き祖父と父とが社会の事にて其の主義合わず論鋒を交ゆる時は二人の女子は祖父を援けて父に敵するのみならず円蔵の妻までも二女の愛にひかれてや自由党に応援する勢いありて一家内に二派の政党あり毎々議論の絶えざりしが客年の十二月

頃円蔵は長女に婿を迎えんとて媒人を頼みて諸所をさがし然るべしと思いて其れに定めたる男ありしに其男は父親と同気相求むる者にして是亦《ま》た官権主義の人物なりしかば長女は深く之を忌み嫌いて不承諾の旨を云いはべりしに父親の強いて娶はす勢いなりしをも耐えがたくやありけん竟《つい》に家出して東京の地に到り便《たより》をもて女子師範学校に入りたりしが生得《しょうとく》活発にして拘束せられざる性質なれば甚《はなはだし》く同校の教育を非となし此《ここ》は女子をして益々卑屈従順ならしむる者なり決して余が師とし学ぶ所にはあらずと忽《たちま》ち退校して某処の私塾に就いて学○を勉強して居れるよし又去月六日の夜同郡黒田村に於いて懇親会のありし時席上演説の事に付き会員新井愧三郎《きさぶろう》氏の万場村の分署に拘引せられし時円蔵の妻及び次女の両人は新井氏とは一面識も無きものなれど自由言論の為罪を得たりし事の気の毒なれば差入物にても致すべしと申し出たりしに円蔵は頭《こうべ》を掉《ふる》って合点《がてん》せず自由党と云う者は世の中に甚しき害ある者共なれば一人も残さず捕縛して根を絶やしてこそ結構なれ何の差し入れ物に及ぶべきとて口を極めて言い罵《ののし》りしより家内の間に一条の風波起り竟《つい》に母子二人は祖父の隠居所にいたりこの事を告訴したるに祖父は甚だ立腹しよしよし左程《さほど》迄に六つかしき案なれば其処《そこ》に居るにも及ぶまじ我方に来り居れよとて二人を隠居所に引取りて当分の内夫婦父子分居をなせし事もありたり只この次女の奇特なるは長女家出なせし後父円蔵が前に長女に娶合せんとせし男をば次女の婿となさんとせしに次女

は中うけひかず父親の仰《そもそ》も然ることながら姉上は身のいたづらより斯《か》くなりたまいしにあらず姉上の心にそまぬ反対主義の男をば婿にせんとて父親の強玉《しいてたま》うが故に余儀なくて暫く東京に避け玉ひしなり然れば此家は矢張姉の継ぎ玉ふべき順序にして妹の妾《わらわ》の先き立て婿を迎ゆる道理なし此儀はゆるさせ玉へかしとて幾度《いくど》説きすすむるも敢て従わざりしと云へり嗚呼《ああ》這《こ》の一家大に過ぎたるものありと云うと雖《いえど》も世の無主義無気力の徒を愧《はずか》しむるに足らんか何しろ珍しき熱心の人々と申すべし

この記事は群馬県を自由主義の盛んなところと紹介し、特に神ヶ原村近辺は宗教を信ずる如く熱心に支持していると伝えている。また、黒沢家は当主の円造をのぞいて、父妻娘二人の四人が皆熱心に自由党を支持者であることを伝えている。一方、円造については「官権主義の風に染みて自由民権の説を聞くことを嫌い戸長等と心を合わして自由の説を追攘せんことを務め居」る人物と紹介し「自由党と云う者は世の中に甚しき害ある者共なれば一人も残さず捕縛して根を絶やしてこそ結構なれ」と、語ったと伝えている。記事は、自由党を忌み嫌い、敵対する人物として黒沢円造を描いているのである。

先に紹介したとおり、電報に関係する四人の内、茂木賀内は自由党員、三俣七郎衛は民権結社「明巳会」の幹部である。これら人物と「自由党を忌み嫌う」黒沢が交流を持っているというのは実に奇妙な話なのである。しかし、次のような資料もある。

「黒円《黒沢円造》ハ兼テ申上候通リ辞職致度旨《むね》噺《はな》シ有之候間此際辞職見合候様申置候処此程罷越《まかりこし》申聞候ニハ辞表之件ニ付郡長ニ御目掛《おめにかかり》御承知ナキ上ハ縣庁ヘ参候旨ニテ出立《しゅったつ》ニ付定メテ郡長閣下ニ於テ何ト歟《か》御差留《さしとめ》相成候事トヒ存《ぞんじられ》表面前文ニテ内心東京江参リ不申《もうさず》哉《や》爰《ここ》ニ疑敷《うたがわしき》ハ右出頭之際麻生村戸長新井平十郎江寄迚《とて》モ圧制ノ縣ニハ居ラレズ逃亡スル云々《うんぬん》ヲ申タル由　戯《たわむれ》ニ《に》ハ《は》可有之候得共《これあるべくそうらえども》未タ帰宅不仕候

十七年十二月十三日　」（三沢郡書記より折茂郡長への報告5．721）

事件後、困民党軍の宿泊場所となったこともあり、また用係りの松岡寛伍ら村の幹部たちが困民党軍に協力したこともあって、黒沢自身も厳しい取り調べを受けた。この報告は、その後の黒沢の様子を伝えているのである。この郡書記は、黒沢が「圧制ノ縣ニハ居ラレズ逃亡スル云々」を言っていた、と伝え、ひそかに東京へ向かったのではないかと報告している。もしも、黒沢が本当に官憲主義に染まった人間なら「圧制ノ縣ニハ居ラレズ」などという感情を持つだろうか。「逃亡スル」などというだろうか。すべては、居村を混乱に陥れた困民党のせい、などと困民党軍への恨みを募らせるのが自然と思うが、どうなのだろうか。

黒沢についてはさらに次のような資料もある。黒沢は明治二十三年に県会議員となっているが、昭和四十一年十二月に発刊された『群馬県議会議員名鑑』には黒沢の交友関係者として高津仲次郎、三俣素平、黒沢信一郎らの名前がある。高津は地元の民権結社明巳会の中心人物、第一回衆議院議員選挙に当選し、翌年の八月には板垣、河野らと北海道を訪ね激化事件で収監されている人々を慰問した。また、三俣素平は、本電報事件で紹介した三俣愛策の親戚であり、明巳会の幹部の一人でもある。東京の大石正巳、馬場辰猪、末広重恭らとも親交があった。黒沢信一郎は中江篤介の仏学塾で学んだ民権活動家である。茨城県下館の妙西寺には加波山事件で刑死した三名の顕彰碑と顕彰碑建立にあたっての寄付者の名を刻んだ碑があるが、この中に高津仲次郎と黒沢信一郎の名前がある。黒沢円造はこのような錚々たる自由党員や民権活動家と交友関係を持っていたのであり、これは自由新聞の黒沢家記事に描かれた黒沢円造と大いに異なる。

つまり、自由新聞の記事がおかしいのである。黒沢家についてなぜこれだけの長文の紹介記事を書いたのか。黒沢円造をなぜ、官権主義に染まった人物、自由党を忌み嫌う人物と書いたのか。これらの謎は、電報のこと、さらには菊池貫平率いる困民党軍が宿泊したことを考えれば、答えは出る。予防線を張ったということである。疑いの視線が向けられないようにアリバイを作ったということだろう。自由党組織にとってそれだけ黒沢は重要な人物だったということである。

黒沢は連合戸長という要職にありながら事件時、村を離れていた。公的には、秩父事件勃発後の十一月二日に村を離れ、困民軍が通過した後の八日になって、村に戻っている。公的とは表向きはということである。実際はわからない。電報は本当に東京で受け取ったのか。「大変すぐ帰れ」という電文を受け取った円造は八日まで何をしていたのか。この点が重要と思われるが今のところ資料はない。しかし、可能性としては自由党本部あるいは、それに近い自由党関係者に接触していた可能性が高い。理由はやはり自由新聞である。これだけ長文で詳細な記事を載せるということは、黒沢家のある神ケ原村付近に自由新聞の通信員がいたということである。しかも、その人物は黒沢家の内情にかなり詳しい人物である。これだけの記事を載せることができる実力者であるならば、自由党本部にも出入りできる人物であろう。もしかするとそれは黒沢円造自身だったかもしれない。本稿の最初に紹介した電報

「チチブヨリ、ワルモノ、ニセンヨ、キタリ、マンバ、ノコラズ、ヤイタ、タイヘン、スグカイレ、サタキタ」（秩父より悪者二千余来たり、万場残らず焼いた、大変すぐ帰れ、沙汰来た）

これは蜂起した側から見れば、「人民は決起した、万事うまくいっている」とでも解釈できる。

もしも自由党につながりを持つ黒沢が実際この知らせを東京で受け取ったとすれば、まず向かうところは自由党本部ではないのだろうか。

(2) 茂木賀内

茂木賀内は、南甘楽郡小平村の医師であり、小学校長、県会議員そして、党員名簿に登載された自由党員であった。賀内の入党が発表されたのは、明治十七年五月、この地域では比較的早いほうである。また、茂木家は坂原村の実力者新井愧三郎家や秩父最初の自由党員中庭蘭渓の中庭家と親戚関係にあった。中庭蘭渓の書になる先代茂木賀内の墓碑からは先代賀内と蘭渓の深い交流を読みとることが出来る。

茂木は電報から数日後の十一月八日に逮捕され、この時の様子は次の

茂木賀内の墓（神流町小平）

通り報告された。

「右之者本月八日岩鼻宿ヲ通行ノ際高崎分営ノ兵不審ニ認メ取調候處懐中ニ仕込杖ヲ携帯スルノミナラス申立等茂前後齟齬《そご》シ頗ル恠《あや》シムヘキモノト認メ同隊士官ゟ《より》其倉ケ野《倉賀野》巡査派出所ニ引渡候處…」（3．251）

岩鼻は、陸軍火薬製造所があるところである。困民党軍がここを攻撃目標としていたことについてはすでに述べたとおりである。この情報を得た官側は、急ぎ軍隊を派遣し、特別警戒体制をしいていた。茂木はこの警戒に引っかかったのである。

茂木家の墓石に刻まれた中庭蘭渓の名前
中庭は秩父で最初の自由党員である。

東京で電報を受けた茂木がなぜ岩鼻にいて、そこで逮捕されたのか。この点を考えなければならない。急な知らせを受けた茂木が、電報の指示通り急ぎ居村に向かったとすれば、岩鼻にいるのはおかしいのである。東京からの帰還を考えると一般的には新町駅で列車を降り、そこから藤岡さらに鬼石へと神流川筋をさかのぼって帰るのが普通であり、鬼石からさらにさかのぼったところに万場があり、その街並みを過ぎたあたりが茂木の居村小平村である。岩鼻はそのコースからは完全に外れる。また、三日に電報が発信されたことから考えて、彼が八日に岩鼻にいるということもおかしい。電報を受けた茂木が、「大変すぐ帰れ」という電文の指示通り行動していれば、時間的にも場所的にも全くおかしな話なのである。つまり、茂木は全く別の目的で岩鼻にいたことになる。つまり、ここでも電報が別の目的をもって発せられたという疑いが深まるのである。岩鼻火薬製造所を目指していたといわれる困民党軍金屋隊は四日深夜に敗退したが、茂木が岩鼻にいたということは、この段階で困民党軍はまだ岩鼻をあきらめていなかったということか。あるいは別の場所で新たな蜂起を企てていたということか。茂木の不審な行動は様々な可能性を考えさせるのである。

### (3) 三俣七郎衛

電報にかかわった四人の中でこの三俣も自由党員といえる人物である。三俣七郎衛は三俣愛策ともいい、三俣家当主は代々七郎右衛門を名乗った。従ってこの人物は三俣七郎右衛門愛策という。三俣家は新町宿で旅館を営み、愛策はその十九代目である。また、愛策は緑野郡新町駅を中心に緑野郡（現藤岡市を中心とする地域）や埼玉県児玉郡などの人々によって作られた民権結社「明巳会」の中心メンバーの一人である。明巳会は明治十年の西南戦争のころから活動していたともいわれるが、はっきりとその活動が見えてくるのが明治十四年である。会主ともいえる埼玉県賀美郡藤木戸村（現児玉郡上里町）の松本庄八が同年十月の自由党結成大会に参加

三俣愛策家の墓地（浄泉寺・高崎市新町）

し、明巳会はそれを受けて同年十二月に結成された。明巳会は自由党明巳会とも名乗っている。松本庄八は、十五年六月の臨時大会にも自由党埼玉部を代表して参加している。金屋の戦いに参加し、その様子を後日地元の新聞に語った小泉信太郎も明巳会会員である。明治十六年には上武国境で軍事訓練ともいえる運動会を催し、また加波山事件参加者と交流を持った人もいた。三俣もまた、困民党の側に身を置いていたとみて良いだろう。

（４）黒田金八郎

南甘楽郡魚尾村の人、酒造業を営み又養蚕製糸も手掛けるなど、この村きっての富豪であった。また、幕末から維新にかけては、自宅を開放して村の子どもたちに教育をおこなう等、黒田家は教育者の家でもあった。黒田家屋敷跡には筆子塚が建てられており、これは、先代金八郎の功績をたたえて村の人々が建てたものである。黒田は県会議員をつとめるなど、政治にも深く関わっていた。また、当時流行した俳句を通じての交友関係も広く、下吉田村の神官、田中千弥は黒田家を訪れたおり、句会を催したことを日記に書き記している。黒田家は屋号を太田屋といい、金八郎も太田屋と呼ばれることがあった。

太田屋の名前が、小柏常次郎の供述の中に出てくる。

「自分共総平《門平総平》方ニ集合シタルトキ栄助カ自分ニ対シ云フニ群馬県ノ恩田宇一《遠田宇市》カ二度迄秩父ニ来リ云フニ群馬方ハ鉄砲一二発モ打テハ忽《たちま》チ大勢寄集リ押出ス手筈ニ成居ルトノ事故自分ハ東阪原村ニ至リ北甘楽ノ一ノ宮ノ太田屋（太田新次郎カ）ト申ス者ヲ喚《よ》ヒ寄セ群馬ノ実況ヲ問フタルニ太田屋ニ於而ハ其事ハ更ニ知ラスト云フタルノミナラス今日ニ至ルモ群馬県ヨリ壱人モ参ラサルハ不都合ナリト申シタルヨリ脇ニ居リタル折平太郎吉《加藤織平柏木太郎吉》カ其尻馬ニ乗リ何故御前カ自身行ツテ組織セサルヤト詰《なじ》ルニ付自分ニ於而《おいて》ハ此ヨリ行クモ未タ遅キノアラサレハ自身行ツテ募ルヘシト云ヒタルヨリ太郎吉カ自分ニ付添行ク事ニナリタル次第ナリ」（3．182）

現代文に訳すと次のとおりである。

「自分（小柏）たちが門平惣平の家に集まった時、田代が自分に対して次のように言った。『群馬県の遠田宇市が二度まで秩父に来て言うことには、――群馬方では鉄砲を一二発撃てばすぐに大勢が集まる手はずになっている――　ということなので自分は坂原村に行って北甘楽郡一宮町の太田屋を呼び寄せて群馬の実際の様子はどうなのかと聞いてみたところ、太田屋はそんなことは全く知らない、ということであった。そればかりか今日まで群馬から一人も来ていないのは実に不都合ではないか。』と田代が自分を詰るので加藤柏木もその尻馬に乗って、なぜおまえ自身が行って組織しないのだと詰るので、自分はこれから行くが遅くはないだろうから自分が行くと申したところ、柏木が自分に付き添っていくことになった。」

およそ以上のようになる。文的に、非常に分かりにくくなっているのは小柏が複雑な内容を話したからである。なぜ複雑かといえば厳しい追及を何とかかわそうとしたからであり、事実でないことを信じ込ませようとしたからである。小柏のこの供述にはかなりのごまかしがある。群馬の様子を聞いてみたところ、太田屋はそんなことは全く知らない、と答えたというが「全く知らない」などということはあり得ない。実際に秩父事件中、最も早く行動を起こしたのは上日野小柏耕地の人々であり、新井寅吉に率いられた一隊が上日野村を出発したのは十月三十日深夜である。何の組織もないとしたらこのような素早い行動はとれるだろうか。また、今日まで群馬から一人も来ていないのは一体どういうことかと田代が小柏を詰ったというが、遠田、小柏、堀口幸助ら群馬の人々がせわしく行き来しながら組織を固めていたのは諸資料からすぐに読み取れることである。この供述全体がおかしいのである。だから、坂原村でこのような会議があったかどうかも怪しいし、実際に何らかの会議があったとして「北甘楽ノ一ノ宮ノ太田屋ト申ス者ヲ喚《よ》ヒ寄セ」という部分も怪しい。警察が太田屋を「太田新次郎カ」としているが、太田新次郎は実在したようだが、太田屋と呼ばれていたという資料はない。もしも何らかの会議があったとすれば黒田金八郎がそこにいた可能性が強いのである。

## 3．東京浅草、鶴鳴堂（かくめいどう）で繋がる二つの革命事件

加波山事件では、関係者から静岡の自由党に協力依頼の電報が打たれたことが知られている。秩父事件関係者が連絡手段として電報を使用したとしても何等不思議ではない。本稿最初に電報に関する次の資料を紹介した。

「此時小柏《小柏常次郎》モ斯《か》ク秘密会議ニ於テ決着シタルニ付キ追テ電信ノ柱等モ折挫クト申シ又惣作《坂本宗作》ヨリ追テ通知モ致シ」

しかし、結局困民党軍は電信柱を挫くことはなかった。理由として考えられるのは、困民党軍の側も電報を利用したのではないかということである。

明治十七年三月に出版された『通俗徴兵安心論』（本書写真Ｐ14、１８５参照）という小冊子がある。著者は中野了随、当時坂原村法久の新井愧三郎宅に寄留していた自由党員である。冊子の内容は、国防の必要性を説くとともに、徴兵令について説明し、このような決まりなので国民の皆さん、どうぞ安心して国にご協力ください、といった内容である。しかし、よく読めば事細かに説明することによって、徴兵令の重い負担を説いているようにも読める。真の狙いは当然後者のようなのだが、他にも何か意味が込められているかもしれない。

さて、ここで重要なのはこの冊子の出版元が鶴鳴堂といい、その所在地が浅草新福井町となっていることである。「鶴鳴堂」とは「革命党」を擬した呼び名であろう。このことから、浅草新福井町には、自由党員がその活動の拠り所とした場所があったということが証明される。時期は少しずれるが、明治十九年、加波山事件で獄中にあった三浦文治が、上京した実父の真部喜一の下宿先がある新福井町に手紙を送っている（『喜多方市史6近代資料編P756』）。明治十七年当時、加波山事件関係者もこの鶴鳴堂に出入りしていた可能性が高いのである。

謎の電報を受け取った黒沢円造と茂木賀内の二人も中野と同じく群馬県南甘楽郡の人物である。二人が電報を受け取った先、つまり電報の宛先は浅草新福富町である。「新福井町」と「新福富町」、名前が似ているというだけではない。両町の距離はわずか数百メートルである。電報を受け取った二人が直ぐに鶴鳴堂に駆け付け、鶴鳴堂にいた誰かに、「蜂起成功」を知らせた可能性は高い。

黒沢、茂木の二人の他にそこに誰がいて、その知らせを聞いたのか、今後大いに研究すべき課題である。いずれにしても、この電報の存在によって、当時、各地の自由党員の間で計画が進んでいたという、広域蜂起計画の存在も現実味を帯びたものとなってくる。自由党の解党とそれに前後して起こった加波山事件と秩父事件、さらには飯田事件、静岡事件など、新たな視点を加えて調査研究を進める必要性がある。

## 4. 困民党の拠点、神ヶ原村

### (1) 菊池貫平隊に協力した神ヶ原村連合

電報にかかわる黒沢円造等の不審な動きについて述べてきたが、自由新聞で宗教のように自由党を支持するものが多いと紹介された神ケ原村の動きについても紹介したい。菊池貫平隊の山中谷侵入に関して次のような史料がある。

「当村人民ハ秩父郡藤倉村人民ノ援《たすけ》ヲ得テ跡ヲ追ヒテ神ヶ原村ニ到リタルニ暴徒ハ遥《はるか》遠クニ去リタレトモ…神ヶ原村ニ於テハ五日夜暴徒ノ泊スル処トナリ且神ヶ原平原尾附《へばらおづく》三ヶ村トモ別段防禦ニ尽力アリシヲ聞カス」(5・455)

この資料は、当時この地域を管轄下においていた郡長の折茂健吾が、郡の書記からの報告をもとに県に提出した報告書の一部である。

「神ヶ原平原尾附三ヶ村トモ別段防禦ニ尽力アリシヲ聞カス」とあるように、神ヶ原連合三か村は貫平隊の侵入に対して、防衛体制をとらなかったのである。

またこの時、村に潜入して探索に当たった巡査は次のように報告している。

「六日平原村人民ハ刀剣竹槍猟銃ノ用意ニテ午前四時頃ヨリ暴徒ノ本陣タル神ヶ原村へ出立

ナシタリ　夫レニ続ヒテ炊出方ハ食物ヲ同所へ運搬スルヲ認メ…（中略）…神ケ原村へ行キ賊ノ陣中ヲ窺ヒ見ルニ賊ハ皆白布ヲ鉢巻或《あるい》ハタスキト為シ刀剣竹槍鉄砲ナドヲ携ヘ居リタリ」（下仁田分署巡査　田本慶次郎実践手続き書5．671）

ここでは、村民らが整然と困民党に協力している様子が読みとれる。

後日、困民党への協力を疑われて逮捕された村の用掛松岡寛伍は警備体制をとらなかったことについて、次のように供述している。

山中谷風景
手前の集落は魚尾、遠方の山の向こうが神ケ原である。

「十一月二日二南甘楽郡役所ヨリ今回秩父郡中ニ兇徒ガ蜂起シタル風聞ニヨレバ甘楽郡中ヘモ押寄セ来哉ニ相聞候《あいきこえそうろう》条夫々《それぞれ》防禦ノ備ヲナス様ニトノ達シ有之《これあり》タルヲ用係大森瑞庵ナ

ル者ガ受取同僚ヘハ何ノ通シモナク其御達書《おたっしがき》ヲ其侭《そのまま》ニ包込ミ居リ三日ニ至リ…非常ニ騒ケ敷《さわがしき》風聞アルガ夫レニ付何カ郡役所ヨリ達シ等ハアラザルカト瑞庵ニ問ヒタルニ瑞庵ハ其時初メテ郡役所ヨリ達シノアリタルヲ失念致シ居リタリトテ…防御ノ備モ手後レニハ相成リタレ共…」（3．329）

この報告の要点をまとめると、「警備についての命令書をしまい込んだまま忘れていて、気付いたときには、すでに手遅れとなり、そのため十分な警備ができなかった。」というものである。全くの出鱈目、苦しい弁明である。神流川筋に連なる山中谷《さんちゅうやつ》の村々には九月中からすでに「借金ノアルモノ野栗峠エ十一月一日出ツヘシ、サナクハ焼払…」といった火札が張られるなど不穏な状況があった。峠一つを隔てて秩父に接するこの地域には、困民党蜂起の情報はただちに届いていたはずである。

このような不穏な状況下で、通達があったことを忘れるはずはなく、又、侵入を真に恐れていたならば、指示などなくとも、何らかの措置をとっていなければならない。松岡寛伍の供述は明らかな嘘である。神ケ原村連合は、松岡寛伍ら村の役員を中心に、村をあげての積極的に加担していたのである。

松岡寛伍はまた、困民党軍の人員駆り出しに応じ、自分の代人として設楽源吉をだした事について、次のように供述している。

「問　然ラバ其代人ノ姓名ト其者ニ渡シタ兇器等ヲ申立ヨ
答　前々ヨリ雇使スル大工ニテ万場村ニ寄留スル設楽源吉ヲ代人トシ長弐尺余ノ刀ト晒《さらし》ノ鉢巻ト襷ヲ渡シタリ
（途中省略）
問　刀ヲ渡スハ如何ナル心底ナルカ
答　代人トシテ遣スニハ其者ノ身体ニ怪我ヲセザル様護身ノ為メニ渡シタレ共賊ニ随従スル者ニ渡セバ官ニ手向ヒヲナスニ当リ恐入候
問　然ラバ賊ニ向フ者アラバ其刀ヲ以防戦セヨト云フノ意カ
答　左様　然レ共前日モ申上ル通リ白鉢巻キ白襷ヲ取リテ速に翻ル様呉々茂《も》申聞遣シタルニ相違ナシ
（途中省略）
問　汝ハ前回ノ陳述ニ戸長役ニ在リ脅迫ヲ受ケテ人夫ヲ出シ或ハ焚出シヲナシ又学校ヲ取片付ケ貸渡《かしわた》シ凶徒等ノ請求スル処ニ随ヒ昼夜奔走尽力致シ居タルニアラズヤ然ルヲ尚代人ヲ出スハ一身両体《りょうたい》ノ働キヲナスノ意カ未ダ汝ハ壱人ニテ奔走《ほんそう》尽力スルヲ足ラズト

シ飽迄《あくま》テ凶徒ニ左担《さたん》スル存意カ

答　重々恐入候」（3．332）

一方、松岡の代人として出た当の設楽源吉は次のように供述する。

「魚尾《よのお》村ノ地内ヘ入ルト万場ノ方ヨリ来リシ人数ガ向フノ谷ヘ見エルニ付サア打テト私ト貞次郎《黒沢貞吉》ガ刀ヲ抜キテ指図シ…」（3．302）

設楽の供述は、十一月六日朝、困民党軍の一隊と、これを防衛しようとした魚尾村はじめ相原連合村万場連合など神流川下流地域の人民らが戦った川中の戦いの場面についてのものである。

二人の供述の矛盾は明らかである。松岡寛伍は、困民党軍の脅迫によって自分の代人として設楽源吉を出したと供述し、設楽源吉は刀を抜いて人民を指揮したと供述している。当然の事ながら、この戦いには、秩父から峠を越えてきた人々も大勢加わっていた。つまり、設楽源吉は、秩父の人々も指揮したことになる。強制的に駆り出されて参加した者が、次の日には駆り出した側の人々を指揮して戦う。このようなことはあり得ない。設楽と貞次郎が困民党軍侵入後直ぐに一隊を率いたと言うことは、彼らが困民党蜂起以前から、これと連絡を取り合って何らかの活動をしていたということである。菊池貫平に率いられ、秩父から来た人々はそのことを知っていたのである。なお、設楽の供述に出てくる貞次郎は黒沢貞吉の事である。11月下旬、黒沢は北甘楽郡の長岡直吉と共に事件の重立として所在を追及されている。（本書Ｐ１１９参照）松岡寛伍、設楽源吉、黒沢貞吉らが幹部として困民党軍に協力したということは、彼等が秩父困民党の蜂起以前から、これらの人々と密接な繋がりを持っていたと言う事である。

この地域に関する次の資料がある。

「明治十七年九月頃ヨリ埼玉県下武蔵国秩父郡辺ハ自由党及ビ貧民党所所ニ寄リ集マリ、不穏風聞有之、加之本郡モ貧民悪奸ノ者是レニ応援セントスル哉、九月三十日夜楢原村乙父村乙母村川和村勝山村新羽村尾附村平原村神ヶ原村エ火札数十枚ヲ張、其札ニ借金ノアルモノ野栗峠へ十一月一日出ツヘシ、サナクハ焼払ト書タリ、当連合村々ヨリ戸長役場エニ付直チニ郡役所及ビ藤岡警察万場分署エ御届申上候」

ここには九月末に火札が張り出されたとあり、しかも、「野栗峠へ十一月一日出ツヘシ」と、十一月一日を集合の日として指定しているのである。少なくとも、九月の段階で秩父の人々と連絡を取り合っていた事が考えられる。連合戸長の黒沢円造の娘が田母野秀顕の顕彰碑建設のために一円を寄付したり、あるいは円造一家が「自由党の一家有り」と、自由新聞に報ぜられたように、この地域は自由党と明確に繋がりを持っていた。菊池貫平率いる一隊が神ケ原村の黒沢家を宿営地に選んだのも偶然ではない。困民党軍宿営の事実はこれらの事実と関連付けて考えなければならない問題なのである。

（2）高見沢薫の不審な動き

井出為吉の裁判言渡し書の中に次の資料がある。

「翌十一月一日…栄助等ト共ニ下吉田村椋神社ニ繰出シ居村高見沢薫木次嘉一郎井出代吉ニ宛十一月四日ヲ期シ群馬県南甘楽郡神ヶ原村ニ参会スヘキ旨ノ書翰《しょかん》ヲ認メ氏名知レサル者ニ齎《もた》ラサシメ…」（3．950）

長野県北相木村から参加していた自由党員井出為吉が同村の高見沢薫、木次嘉一郎、井出代吉宛てに十一月四日を期して神ヶ原村に参会するようにとの手紙を送ったというのである。「参会」というからにはただそこに来ると言うだけでなく、何らかの会合の席に臨むようにということである。高見沢は、井出為吉と並ぶ南佐久を代表する自由党員である。

事件後捕らえられた高見沢は、この件について次のように追及された。

「問　其群馬県ニ参リタル事実ハ如何

答　明治十七年十一月三日午前五時頃宅ヲ出テタル最初ノ原因ハ埼玉県秩父郡定峰村ニ撃剣ノ師ニテ飯塚仙太郎ナル者アリ…同人方ニ撃剣《げきけん》修行ヲ為ス為メ出発シ…群馬県南甘

楽郡乙父《おっち》村ニ着セシ節同日午後七八時頃ナリ其節乙父村ノ者夜番ナトヲ致居タリ同村ノ者ニ承ルニ今回埼玉県秩父郡ニテ暴徒蜂起シ甚《はなは》タ混雑スル趣ニ付到底秩父郡へ参ルヘキ事ノ難《かたき》ヲ知リ其ヨリ同村乙父村ヲ出テ北甘楽郡氷沢《桧沢》村ニ到リ…

…途中略…

問　汝ノ群馬県南甘楽郡乙父村ヲ出テ氷沢《ひざわ》村ニ到ル途中及氷沢村ヨリ岩戸《磐戸》村及大仁田村ヲ過キ帰宅スル迄尚外《ほか》ノ村方へ立寄タル事ナキヤ如何《いかに》

答　別ニ乙父村外三ヶ村ノ内ヨリ他ニ立寄リシ村ハ無之《これなし》　サリ乍《なが》ラ途中奈良《楢》原村又其村内字白井《しろい》村及ヒ乙父村ヨリ出テウヅク《尾附》村トヲ経過シ氷沢村ニ出タリ…」（3．1044）

高見沢は当然、井出為吉の書簡のことは語らず、出向の理由を撃剣修行のためとしている。また、神ヶ原村の事にも一切触れていない。

辿った道筋に付いては、高見沢は最初の供述では「乙父村ヲ出テ北甘楽郡氷沢村ニ到リ…」と答え、次には「乙父村ヨリ出テウヅク村トヲ経過シ氷沢村ニ出タリ…」とその供述内容を変えている。わずかなようだが、二つの供述には大きな違いがある。はじめの供述では、群馬入りして間もなくコースを北に転じて峠を越え、南甘楽郡乙父村から北甘楽郡桧沢村に抜けたことになる。実際に桧沢村に行くためには、神流川沿いの道を遥かに下ってから道を北に転じ峠を越えなければならないのだが、この供述では乙父村からすぐに北甘楽郡に赴いたという印象を与えている。また、後者の供述の中でも「別ニ乙父村外三ヶ村ノ内ヨリ他ニ立寄リシ村ハ無之」と、他に立ち寄っていないとしている。ところが、それに続く部分では「ウヅク村トヲ経過シ」という文言が加わっているのである。「ウヅク村」とは尾附村の事である。乙父村から尾附村まではかなりの距離がある。高見沢らは神流川筋をはるかに下って、尾附村までは到達していたことになる。尾附村は神ヶ原村、平原村と共に神ヶ原村連合を形成していた村である。尾附まで行ったのならばその隣の神ケ原までいかないということは考えにくい。「南甘楽郡神ヶ原村ニ参会スヘキ旨ノ書翰ヲ認メ…」の指示通り、高見沢薫は神ヶ原村までいったとみて良いだろう。

高見沢が神ケ原まで言った事実を隠蔽しようとしていることは供述によってほぼ明らかである。井出の書翰に「参会」とあるように、ここで何か重要な会議があったということである。菊池貫平隊の宿営、謎の電報、自由新聞の記事…高見沢の神ケ原村参会はこれらの事実と関連付けて考えるべき大きな問題なのである。

高見沢について次のような資料がある。

明治十六年、高見沢薫が群馬県館林の自由党員、山口重脩《しげのぶ》に宛てた手紙である。その一部を紹介すると次の通りである。

「盟兄《めいけい》国ヲ患《うれ》フルノ深情、不幸ニモ国事犯嫌疑ヲ受ケ、忽《たちま》チ他郷ノ獄ニ繋《つな》ガレ、辛《つ》ラクモ我国刑法実施以来、国事犯ノ嚆矢《こうし》トナリ…去四月十三日放免ノ幸栄《こうえい》ヲ得、御無事御出獄ノ段其時《そのとき》不肖《ふしょう》ナル余モ遥ニ欣喜雀躍《きんきじゃくやく》…盟兄幸今ヨリ親実ナル交際ヲ垂レラレ、生死ヲ共ニセラレバ幸之《これ》ニ過グルナシ…」（『群馬県史』・史料編）

山口重脩は福島事件支援のため、上毛自由党が派遣した内の一人である。この事件で農民の力を目の当たりにした上毛自由党は以後、急速に農民に接近しその組織化に力を注いだといわれる。山口重脩と高見沢がその後どのような交流を持ったかは不明であるが、「盟兄幸今ヨリ親実ナル交際ヲ垂レラレ、生死ヲ共ニセラレバ幸之ニ過グルナシ…」の文言通り、福島事件や上毛自由党の影響を強く受けていたことが読み取れる。菊池貫平や井出為吉同様、高見沢も又決死の覚悟で働こうとしていたのであろう。

# 論文5　広域蜂起

藤岡・秩父自由党事件と同日に決起した事件がある。群馬県新田郡で起こった新田騒擾事件である。また、群馬県山名村等でも周辺諸村の代表が集会し、「秩父への応援を決議した模様」、などの資料がある。各地の動きを紹介しながら、この事件が自由党による広域蜂起事件であったことを明らかにする。

## 1. 新田騒擾事件

椋神社で困民党が蜂起した明治十七年十一月一日、その同じ日に、群馬県新田郡西長岡村で二百余名が蜂起する事件があった。現在の群馬県太田市に当たるこの地方は、秩父地方からは直線距離にしておよそ四・五十キロメートル隔たり、埼玉県秩父地方はもちろん、秩父と接しこれと経済的文化的交流の強い群馬県南西部とも繋がりの薄い地域である。

この夜、西長岡村菅原神社に蜂起した人々は道々参加者を募り、勢力を強めながら桐生方面へ向かった。その勢力は一時五百名余りに達したという。しかし、一揆勢に紛れ込んでいた官憲によって指導者数名が捕らえられ、逮捕を免れた人々も四散してこの事件は終わった。たった数時間で潰えた事件であったが、秩父と遠く隔たった地で、秩父と同時に起こったこの事件は、同時蜂起の動きとして官側に動揺を与えた。

同夜、急を聞いて現地に駆け付け、現場に接した太田警察署長桜井小太郎は次のように事態の急を報じている。

「今午前一時頃部内新田郡本町村へ何者共不知多人数押来リ自由党ト唱ヘ筵旗《むしろはた》ヲ押立半鐘《はんしょう》ヲ打鳴《うちなら》シ毎戸呼起《よびおこし》シ加入セサルモノハ放火スル抔《など》ト脅迫セル旨飛報有之《ひほうこれある》ニ付直《ただち》ニ出張スルニ人

数弐百人程ニテ阿佐美《あさみ》村ヲ経山田郡広沢村ニ出タル趣ニ付…（中略）…依テ其原因取調ルニ西長岡邨ヨリ兼テ甘楽郡（村名不知）へ寄留セル木挽職小室徳兵衛《古室徳三郎》カ手引ヲ以テ昨一日自由党員甘楽郡下仁田ノモノト自称スル新井愧三郎長野県佐久郡小カタ村中沢吉五郎ト唱フル弐人ヲ西長岡邨中島善太郎方へ連れ来リ其両人カ当地ノ巨魁トナリ総理板垣退助ノ命ニヨリ各地ニ散在セル自由党員拾万人カ十一月一日ヨリ三日間ニ暴発各県庁警察署監獄署ヲ打毀シ自由政事トナシ租税百分一トナス趣申諭シ別紙ノモノ共仝意《どうい》シ各脇差抔ヲ帯シ前出新井中沢ノ指図ニ随《したがい》ヒ太田町へ出警察署監獄署ヲ破リ囚人ヲ随ヒ夫ヨリ今夜迄ニ前橋へ参リ県庁ヲ襲ヒ監獄署中ニアル自由党ノ総理ニ亜《つ》クモノ八人ヲ出シ沼田へ一《ひと》ト先《まず》引篭ル積《つもり》ナリト申立タリ　依テ右新井中沢ヲ始メ夫々《それぞれ》手配山狩ニ着手致居候　近郷《きんごう》各村共手配ニ盡力《尽力》同意者ナシ　委細後報ニ譲ル其筋ヘノ御届等ハ宜敷御取計相願候也

山田郡広沢村出張先

明治十七年十一月二日

桜井　警部

河野警部長殿」（5．346）

桜井はたまたま逮捕した参加者の一人を取り調べ、聞き出した内容を報告したのである。聞き出したその内容の深刻さと、その情報に接した桜井警部の慌てぶりが表れている。「下仁田の新井愧三郎」「長野県佐久郡の中沢吉五郎」などの誤りは、その混乱の故の誤りなのか、それとも参加者が得た情報が間違っていたのか、それともこの一団を率いた指導者たちが身分を偽っていたのか。本当のところは分らないが少なくともこの二人の人物についての情報は誤りである。

この報告では、甘楽郡下仁田の新井愧三郎、長野県佐久郡の中沢吉五郎の二人の指導者が地元の小室徳兵衛に招かれ、地元の有志と協力して事件を引き起こした、となっているが、新井愧三郎は同年四月の、照山事件に関係したとしてこの時は入監中であり、これは誤りである。また、新井は南甘楽郡坂原村法久の住人であり、下仁田に住んではいない。ちなみに下仁田は北甘楽郡に位置する。また、長野県佐久郡の中沢吉五郎なる人物であるが、これは南甘楽郡の乙父村の中沢鶴吉のことであろうか。この新田騒擾事件では長野県からの参加者は資料からは見いだせないのでこれも誤りである。この二人の身元について、逮捕された中沢鶴吉の次の資料がある。同人他の裁判言渡書である。

「被告中沢鶴吉ハ同被告古室徳三郎ノ発意ニ同シ暴動為サント明治十七年十月十二日同人ト共々群馬県新田郡西長岡村平民同被告中島善太郎方へ立越シ暴挙ノ示談ヲ為シ同年十一月一日ヲ以テ再議暴挙スヘキ事ヲ約シ徳三郎ト共々乙父村ニ還リ秩父郡中ニ結合セル困民党ノ動静ヲ

探ラン為メ徳三郎ト石間村新井繁太郎方ニ至リタルニ秩父郡中ニハ既ニ田代栄助カ総理トナリ十一月一日ヲ以テ人数ヲ集合スルトノ事ヲ聞キ尚徳三郎ト協議シ同被告立崎辰次郎ヲ自由党員トナシ衆人ニ示サン事ヲ慮リ同人ヲ誘ヒ同十月二十六日居村ヲ出発シ…」（３．５３３）

裁判言渡書では、「立崎辰次郎ヲ自由党員トナシ衆人ニ示サン事ヲ慮リ」とあるので、先の報告書と合わせると、立崎が愧三郎を名乗ったものと考えられる。立崎を自由党の巨魁新井愧三郎に仕立て、自由党の決起であるとして多くの人々の動員を計ったものであろうか。

さて、この裁判報告書では立崎は自由党とは無関係の人物であるかのような印象を受けてしまうが、立崎は党員名簿に名前を連ねるれっきとした自由党員である。入党日は十七年三月二十三日である。また、報告書の佐久郡の中沢吉五郎とは南甘楽郡乙父村の中沢鶴吉の事であろうか。中沢もまた自由党員である。

この立崎辰次郎であるが、富山県の人物である。遠い北陸の自由党員がわざわざ群馬県まで来て、南甘楽地方の自由党員と接触し、さらに巨魁の一人として騒擾事件の指導者となったとすれば大変なことであるが、どうも、そうではないらしい。というのは、立崎が寄留していたのが南甘楽郡の坂原村と思われ、同村は自由党員二十九名を数える自由党の村として知られる。立崎はこの村の三名と入党の日付が同一でなのである。それに比して、富山県にはこの頃に入党した人物が見当たらない。この事から、立崎はどうも出稼ぎ寄留中に入党したらしいのである。

いずれにしても、この事件の指導者は地元西長岡村の古室徳三郎、中島善太郎らと南甘楽郡乙父村の中沢鶴吉、坂原村寄留中の立崎辰次郎らであった。

明治十六年の福島・喜多方事件に際して、党員を派遣しこれを支援した上毛自由党は、福島の経験に学び、以後一般農民への入党を積極的に働きかけていったといわれている。当時坂原村には三百名も出稼ぎ者が寄留していたといわれ、立崎辰次郎の入党は、これらの人々へも入党の働きかけがおこなわれたことを推測させる。なお、秩父事件では坂原村やこの周辺地域に出稼ぎにきていたと思われる人々の参加が見られ、一つの特徴となっている。中には一隊を指揮した隊長格として活躍した人もあり、本当に出稼ぎ中に巻き込まれたのか、あるいは出稼ぎ者を装ってこの地方に入り、事件に参加したのか、今後検討していく必要があろう。

さて、新田騒擾事件の重要性は秩父と繋がりの深い群馬県南甘楽郡の自由党員が指導者としてこの事件に深く関係していることである。

中沢鶴吉の裁判言渡書には次のようにある。

「徳三郎《古室徳三郎》ト共々乙父《おっち》村ニ還《かえ》リ秩父郡中ニ結合セル困民党ノ動静ヲ探ラン為メ徳三郎ト石間《いさま》村新井繁蔵《繁太郎》方ニ至リタルニ秩父郡中ニハ既ニ田代栄助カ総理トナリ十一月一日ヲ以テ人数ヲ集

合スルトノ事ヲ聞キ…」（3．533）

また、鶴吉の調書抜書には次のように記録されている。

「十七年十月二十日後日失念　坂原村西野屋事新井省三方へ参リ秩父郡中ノ様子ヲ尋子《ね》タルニ便利ナルモノヲ承リタルニ秩父郡石間村字漆木ノ繁太郎方へ参リ承リタレハ巨細知レルト云フニ随《したがい》ヒ同人方へ参リ…」（3．529）

中沢は十月二十日以後、坂原村に赴き秩父郡の様子を尋ね、その後さらに秩父郡の新井繁太郎方へ行き、詳細を確認しているのである。

裁判言渡書では、困民党の様子を探るため繁太郎方にいったところ、そこで十一月一日の蜂起計画を知った、ということになるが、事件が起こる直前であることを考えるならば、これは蜂起についての最終確認的な打ち合わせのためのものと見るべきだろう。

このように、秩父地方と群馬県南甘楽郡、そして新田地方がつながるのである。

新田騒擾事件は秩父事件とは全く別個に起こったものではなく、秩父と連絡の上に決行された事件である。新田蜂起は参加人員においても、壊滅するまでの期間においても陣容においても秩父蜂起に比すべきもない。しかし、それは結果であって、結果からみて取るに足らない事件であるとか、秩父事件とは全く異質な事件であるなどと評価するのは誤りである。状況次第では秩父同様、規模の大きな騒擾事件に発展していた可能性もあるのである。群馬県庁や監獄署を視野にいれている点、明確に政治改革を目指している点、入監中の自由党員の救出を構想している点など秩父での蜂起との共通点も多く、秩父事件は地域的にもここまで大きな広域事件であったとみるべきではないのだろうか。同時にそれは、秩父事件は実際に蜂起に至ったのは秩父と新田だけであって他の地域は何事もなく平穏であった、と判断することは誤りだということである。他の地域の政治的な動き経済的状況、それらも詳細に見ていくべきなのである。

## 2. 人見山騒擾事件

困民党軍が平野部への進出を試みて、金屋で本格的な戦闘を展開していた頃、そこから十数キロ隔てた榛沢郡人見村（現埼玉県深谷市）において数十名の人々が集合するという事件が起こった。このことについて、埼玉県警雨宮警部が発した次のような電報の記録がある。

「十一月六日

電報

榛沢郡人見村近傍暴徒嘯集《しょうしゅう》ノ儀ハ昨夜二時頃六七十名集マリシモ其巨魁ナルモノ同郡岡部村ニ在リテ其者ノ来会セサルカ故ニ解散セリ今夜ハ先《まず》ツ平穏ノ模様ナレトモ若シ岡部村ノ巨魁来レハ又暴発スルヤモ知レス右ハ曩《さき》キニ集合シタル貧民等《党》ノ輩ニシテ既ニ秩父群徒ノ煽動ニ因テ加盟シ居ルヤニ聞ク併《しか》シ現今ハ独立ノ姿ニテ其巨魁タルヘキモノノ力ニハ到底暴発ノ勢ニ至ラス故ニ昨夜モ空敷《むなしく》解散シタリト云フ

笹田書記官　　深谷ニテ雨宮警部」（４．５３７）

また、このことについて新聞は次のように報じている。

「榛沢郡人見村人見山に去四日の夜四五拾名程屯集せしかど其夜如何《いかなる》の手違にや首魁の出会せざりしより其儘《まま》散会せるを…（中略）…警部三名巡査三十名許りにて人見村に至り暴民三十一名を捕縛せり。」（明治日報　明治十七年十一月十一日の記事）（６．６１７）

資料ではとくに武器のことには触れていないが、暴徒と呼んでいることから、集まった人々は武装していたものと思われる。また、資料では秩父困民党の扇動によってこれらの人々が加盟したと述べているが、実際に榛沢郡岡村、町田村等からは数名の人々が秩父に赴き重要な働きをしている。したがって、人見山の蜂起計画が秩父との連絡の下に計画されたことは十分考えられることである。しかも、この日付から考えるならば、人々の集合は困民党軍主力が金屋

人見山（埼玉県深谷市、別名仙元山）

に突き進んでいた頃であり、この動きと連絡の上での蜂起計画であったとも想像できる。

十一月四日の皆野における不可解な本部崩壊は論文1で述べたとおりである。幹部の本部離脱は逃亡目的ではなく、各地の組織との連絡任務のためだったのではないかと述べたが、巨魁の来着がなく、そのために解散したというこの資料は、本陣崩壊の動きと関係があるようにも思える。

ではこの資料が示す岡部村の巨魁とはだれなのか。考えられる一人は岡村の大野又吉である。同人の裁判言渡し書によれば、大野は十月初旬より秩父入りしオルグ活動に専念、蜂起の後は二十人ほどを率いて各地を転戦し十一月四日、金屋で東京鎮台の兵と戦った。敗北の後、潜伏逃亡を続け、十二月横浜で捕らえられている。

もう一人、小柏常次郎の尋問調書に次のような人物が登場する。

「問　本月四日ノ日寄居八幡山ノ方ヘ向ヒタル栄助子分ノ名ハ汝ハ知ラサリシカ
答　知リ申サス　榛沢郡石綿先生ハ行キタリト聞キタリ」（３．１８６）

小柏は、榛沢郡とのみで村名は言っていないが、次の資料から石綿先生なる人物も岡村の人と思われる。石綿先生は石渡先生の表記まちがいであろう。「先生」をつけて呼んでいることから、この人物が一般農民ではないことが想像できる。小柏も一目置くほどの人物だったのだろうか。

秩父事件関係資料に登場する石渡姓は二人。その内の一人石渡金平の裁判言渡書には次のように記載されている。

「埼玉県武蔵国榛沢郡岡村四十六番地平民農
石渡金平
満五十七年
石渡金平ハ明治十七年十月中高岸善吉田代栄助等カ債主ニ対シ年賦ノ無心ヲ申入ル迚《とて》其連伴帳ニ連印シ十一月二日善吉ヲ尋ネンカ為メ上吉田ニ至リシ際同人等ノ嘯聚《しょうしゅう》シタル暴徒ニ附従シ竹槍ヲ携ヒ大宮郷及ヒ皆野村地方ニ随行シタリ　」（１．４８７）

また、もう一人石渡万五郎については、岡村を出立した者として大野又吉鎌田政吉らと並んでその名前がある（2．554）。石渡万五郎についてはこれ以外に全く資料がなくどのような活躍をしたのか不明である。また、もしどこかで逮捕されていれば資料は残るはずなのだがそれが無いということはどこかの戦場で名も知れぬまま果てたのだろうか。いろいろ考察したが、金屋方面隊には以上のように大野又吉、石渡金平あるいは石渡万五郎という二人ないし三人の岡村の人々が幹部として加わっていたことが考えられる。金屋隊が予定通り児玉を占拠していたならば、彼らが人見山に行き蜂起の狼煙が上がっていたかもしれないのである。

## 3．群馬県緑野郡根小屋村、山名村の動き

群馬県根小屋村山名村（現高崎市）は小柏常次郎の上日野村や新井多六郎が活躍した北甘楽郡天引村などに比較的近い場所にある。日野村と高崎町を一直線に結ぶとすれば、ほぼその中間に位置するところである。この地域の動きについての次のような報告がある。

「根小屋山名村ハ七八已前《いぜん》集合其后今日迄祭典（八幡宮）ニ非常ノ人カ出テアリ　何レ祭典仕舞次第集合スルトノ事ニ付秩父ノ方長ビク時ハ自然応援ノ為メ暴起スルヤノ掛念《懸念》アリ　同

所辺烟火《えんか》製造人多ク最モ懸念ノ地ニテ殊ニ今度集合スル時ハ山ノ上トカ申拾軒程人家アル山上ノ由…

明治十七年十一月三日」（高崎警察署伊藤警部より斉藤本部長への報告　5．253）

この資料中の八幡宮とは山名八幡神社のことである。現在も周辺地域の厚い信仰を集め、正月の初詣や祭礼には大変なにぎわいを見せている。この報告は、この八幡宮のお祭りが終了次第、人民が集合すること、秩父の騒動が長引けばそれを応援するために人民が蜂起するであろうと言うことを伝えている。資料中の「山ノ上」とは山の上耕地のことで、『上野三碑』の一つ『山ノ上の碑』があることで知られている。標高は高くないが、その名の通り、麓から見れば、山

山ノ上の碑古墳（高崎市山名町）
古墳の傍らに『山ノ上の碑』がある。

上近くの小さな谷間に現在も十余軒の家がひっそり寄り添うように静かなたたずまいを見せている。警察は、この山の上耕地で次の集会があることを情報としてつかんだのである。また、この報告には付箋が付けられ人民蜂起の情報は確説であるとしている。

また、この報告と関連して次の報告もある。

「右ニ付尚高崎近傍ニ於テ彼ノ暴民ニ応援スル勢ノ有無探偵候処今日迄ハ異常無御座候　緑野郡落合村近傍阿久津、山名、吉井等ハ七八日以前大集会ヲ為シ本日（二日）ノ祭典ヲ（八幡神社ナリ）終リ次第何トカ可致《いたすべく》協議ノ由、右村々ヨリハ総代一名宛埼玉地方へ相越候由…

十七年十一月三日　　高崎警察署長　伊藤重明」（4．159）

右の報告は、十一月三日付で高崎警察署長より歩兵十五連隊に送られたものである。報告日の七・八日前に緑野郡落合村（現藤岡市上落合）近傍阿久津（現高崎市阿久津）、山名村、吉井町（現高崎市吉井町）等で人民が大きな集会を開いたこと、また、村ごとに総代人一名を選んで、埼玉地方へ派遣したこと、等が記されている。

さて、この埼玉地方への人民派遣については、論文1で紹介した新井庄蔵の供述をもう一度思い出さなければならない。

「秩父郡ニテハ本月一日ヲ期シ人民騒立候ニ付同所へ赴キ模様ヲ見来リ群馬県ニ於テモ続イ

テ騒立ル積リニ付秩父郡ノ模様見ニ可参ノ勧メニ依テ一日カ二日ニ而帰ル心得ニテ考モナク常次郎等ニ随行シタル段今更恐入候」

新井は「秩父郡ノ模様見ニ可参ノ勧メニ依テ」、常次郎等に随行して秩父に赴いたと言っているのである。そしてまた、「群馬県ニ於テモ続イテ騒立ル積リニ付」と秩父に続いて群馬にも蜂起の計画があることを述べている。

根小屋、山名近傍の動きは新井の供述内容と一致し、日野地域以外にもその動きがあったことを証明している。また、この報告を裏付けるように次のような資料がある。

山名近傍のただならぬ動きを察知した警察がさらにこの地域を探索した結果得た情報と思われる。

「山名近傍ハ別紙ノ概略ニ有之候

○印ハ三十一日大宮ヨリ呼ニ来リタリトテ家出シタルモノナリ

緑埜郡森新田村

○宮下愛吉

宮下慶次郎

中村勝三郎

斉藤岩吉
同郡上栗須村
松村弥吉　四十四五位
木部村
萩原徳太郎　三十二三位
出◯　増尾代三郎　三十一二位
白石村
高橋豊作
落合村
堀越円造
堀越孫太郎
緑埜郡中村
塚越弥八
塚越勝三郎
小野里孫次郎　廿四位

上栗須村
土谷勝三郎　五十位
勝三郎倅　文蔵　廿一位
小野里孫四郎　廿四位
落合村
花火火薬製造　塚越幸七　六十位
塚越秀吉倅　善吉　二十位
白石村下郷
○出　荻原平内　三十位
○出　松原万吉　四十位
十七年十月三十日頃動堂村字若宮トユウ所ニ集会致シ猶《なお》又木部村真東寺ニ集会致ス
白石落合篠塚動堂栗須村中村森新田木部阿久津山名大塚他弐ヶ村」（５．２７７）

これら村々は、何れも山名村に近く現在藤岡市や高崎市の一部となっている。記された人々の詳細は分からないが、上栗須村の土屋（谷）勝三郎は明治十五年一月、栗須学校の学務委員

となり、十六年二月には戸長に転任している。（藤岡市史・栗須学校沿革史）

また、明治七年の春蚕村別掃立人名簿によれば、白石村の高橋豊作は十二枚でこの村のトップ、荻原平内は四枚、松原万吉は三枚で何れも村を代表する養蚕農家であった。この名簿は、地元の蚕種業者の家に残されていたものであるが、蚕卵紙の枚数で凡その養蚕規模が分かる。

このことから、これらの人々は村を代表する立場にある有力者であったと考えられる。「緑野郡落合村近傍阿久津、山名、吉井等八七八日以前大集会ヲ為シ」と報告された集会には、彼らも村を代表して参加し、その一部は秩父へと赴いたのではないだろうか。また、この名簿の最後に付された記録は集会が開かれた期日及びその場所である寺院の名前も記され、正確なものと考えられる。最後に多くの村々の名が連記されているが、その村々の代表がその集会に集まったということなのだろうか。

以上この地方についての多くの資料を見たが、警察の報告の中に「確説」あるようにこの地方では蜂起に向けた確かな動きがあったのである。

## 4. 激化諸事件と秩父事件

群馬県や埼玉県北地域には明確に同時蜂起の動きがあった。これら秩父に比較的近い地域の動きとはやや趣を事にするが、長野飯田地方や静岡には、明確に秩父に合わせた挙兵の動きが見られた。次は静岡事件や飯田事件など、一連の自由党激化事件に関係して捕らえられた人たちの尋問調書である。

「同年十月ノ末埼玉県ノ挙アルヤ辰三真悳小林私トモ覚眠社ニ集リ此上ハ愛知ト連合シ事ヲ挙ケント　私ガ同年十一月ニ該地へ趣キタレハ宮本広瀬村上モ居リ村松愛蔵八木重治江川甚太郎ト謀リ尾張派三河派モ信州飯田桜井平吉へ面会ノ為メ参リ居ル川澄徳カ帰ルヲ待ツテ合併シ事ヲ挙ケントスル内、松村愛蔵等捕縛ニ相成タリ」（湊省太郎尋問調書）

「元来静岡辺ニ於テ同志ヲ募リ気脈ヲ通シ挙兵ヲナスノ目的ノ所埼玉ニ於テ暴徒蜂起シタルヲ以テ俄ニ目的ヲ変シ八日ノ集会ヲナシ其議決ニ随ヒ手ヲ分ツテ兵員ヲ募ルコトニ着手シタルコト有之。然ルニ埼玉ノ勢ヒ日々挫ケ退縮セシニヨリ其計画ハ相止メタル訳ケニテ其后ハ旧議ニ復シ専ハラ屈強ノ士ヲ募リ目的ヲ達スルコトニナシタル義ニ候」（八木重治検察尋問調書）

湊は静岡事件関係者、八木は飯田事件関係者である。静岡事件、名古屋事件、飯田事件の各関係者が互いに連絡を取り合い、挙兵に向けた活動をおこなっていたことはすでに知られている事であるが、二つの資料から、それぞれの事件関係者が秩父事件の報に接し俄に動き始めた様子を知ることが出来る。湊の供述を読むと、覚眠社に集まって会合を持ったこと、愛知の同志と連絡を取りあって挙兵することを決定したこと、その決定にもとづいて湊は名古屋に赴き、静岡、愛知、飯田それぞれの連携による挙兵が決定された、ということなど、秩父事件の情報を得てからの動きを順序立てて知ることが出来る。挙兵の方針を立てていた彼らは、秩父蜂起の情報に接し、急ぎ挙兵を決定し、行動を起こしたのである。もしも、秩父の蜂起が自由党と無関係であったならば、彼らはおそらくこれほど急いで行動には移らない。埼玉県秩父地方に自由党員がいて何らかの組織活動を展開している、という情報をすでに持っていたからこそ、彼らは動き始めたのである。

秩父の情報がどのような手段でかれらのもとに達したのか、具体的には不明である。しかし、本書に収めた論稿の中にそれを窺わせるいくつもの資料がある。新田騒擾関係者による「総理板垣退助ノ命ニヨリ各地ニ散在セル自由党員十万人ガ十一月一日ヨリ三日間ニ暴発」の供述、あるいは秩父困民党に長野県佐久から参加した菊池貫平が言ったという「十一月一日ヲ期シ日本国中何処トナク一起シテ大戦争カ始マル手筈故自分共ハ夫レカ為メ当地へ来リシニ…」の文言。

どこまで詳細な計画があったかは分からない。しかし、これら資料を、湊、八木二人の供述と併せて考えたとき、秩父蜂起とこれらが全く別のものとして計画されたとは考えにくい。これまで別個の事件としてとらえられてきたこれら事件は、秩父事件関係の膨大な資料を交えて検討しなおす必要があるのである。

## 5．連絡員の派遣

秩父事件の通説では、十一月四日に本陣は崩壊したことになっているから、崩壊説に基づけば、それ以後各地に連絡員を派遣したということはあり得ない。しかし、これまで述べてきたように、十一月四日の時点では本陣が崩壊するなどということは到底あり得ない。各地に自由党員による決起の計画があったとすれば、大宮郷を占拠した段階で、あるいは秩父郡をほぼ制圧し終えた後で、「困民党軍勝利」「困民党軍秩父を制圧」の連絡を送るのが普通である。それは、電報による知らせであったかもしれないし、各地から秩父入りしていた人たちの帰還かもしれないし、また、連絡任務を帯びた幹部たちの各地への派遣であったかもしれない。このことに関し、次のような資料がある。

「埼玉暴徒の内にて一方の大将となりし秩父郡吉田村の柳原正雄（二十四年）男衾郡三品村の門松庄右衛門（五十七年）秩父郡下吉田村の落合虎一《寅市》（二十三年）の三名は此の程より暴徒を離れて所在知れざる由なり　此は煽動のため他の地方へ赴きたるならむとかいふ説ありとか云へど信為《真偽》を知らず」（明治日報　明治十七年十一月十二日の記事６．６２０）

柳原正雄は十二月四日禊教教祖井上祐鉄に伴われ千住警察に自首している。その際の井上の申告によれば、柳原が井上を訪ねたのが十一月二十七日、同じ禊教信徒である関係から尋ねてきたものだと分かったものの、その時に不在であったこと、その後知り合いの家の葬儀や自らの病気などのため、出頭が遅れてようやくこの日になったという。結局、井上が取り調べられることはなかったが、柳原は事件の重要人物であることを突き止められ、重罪を課されることになる。さて、問題は柳原が官憲の目を逃れ、逃亡の末井上のもとにたどり着いたのか、それともほかに目的があってここに来たのかということである。柳原が井上の家を訪ねたのが十一月二十七日というのも、あくまで井上の申告によるものであり、実際はわからない。知人宅の葬儀や自らの病を出頭の遅れの理由としていることが気になる。もしも、柳原が深くこの宗教を信仰しているとすれば迷惑をかけてはいけないと最も強く考えるはずの相手である。井上が取り調べを受けなかったのは結果であり、状況によっては厳しい取り調べはもちろん宗派への厳しい弾圧があったかもしれないのである。常識的に考えれば、最も逃げ込んではいけないところに逃げ込んだということになる。明治政府は民衆の中に深く浸透しつつあった新しい宗教にも厳しい目を向けていたという。また、宗教の側も宗派によっては教団を挙げて政策に対峙していたともいう。柳原が井上を訪ねたのは、逃げたというよりも事件の状況を知らせ、蜂起軍への参加を依頼する目的があったのではないだろうか。

落合寅市が高知の板垣退助のもとに逃れたのはよく知られていることである。落合は土佐山村の高橋簡吉家などにかくまわれ後に大阪事件に関わることになる。当然落合が高知県に行くまでの間に秩父事件は終息した。したがって板垣退助らには秩父の敗北を報告する結果となった。しかし、だからといってこれを敗北後の逃走と考えるのはどうなのだろうか。また、敗北を知らせるための高知行と考えるのも誤りである。少なくとも彼が秩父を出る少し前までは、蜂起軍は攻勢を続けていたのである。つまり、秩父の蜂起は成功しつつある。その旨を伝えるために秩父を発ったとも考えられるのである。

さて、次の三つの資料を見ていただきたい。

（一）

「

埼玉県秩父郡野上下郷第百四十三番地平民

福島安蔵　四十六年

同県同郡同村百四十四番地平民

山口幸作　四十年

同県男衾郡秋山村平民

吉沢庄左衛門　三十七年

右の者共昨夜挙動犯罪ありと思料し巡査飯野香外二名が引致し来るに付詳細尋問を遂くる処今般埼玉県秩父郡大宮郷警察署及ひ同所裁判所郡役所等を襲ひ暴行為したる連犯者なる旨申立に付本犯は当署に留置取調中に有之此段不取敢《とりあえず》御届及候条至急何分の仰御指揮候也

明治十七年十一月十一日

館林警察署長代理

警部補　坂口慶吉

警部長代理

警部　斉藤　学殿

」

（二）

「依頼

埼玉県男衾郡秋山村平民　吉沢庄右衛門
仝県秩父郡野上下郷第百四拾三番地平民　福島安蔵　四拾七年
仝県同郡同村　山口幸作　四拾年

右之者共今般《こんぱん》秩父郡ニ於テ蜂起シタル暴徒ノ中ニシテ彼レカ所在専《もっぱ》ラ探偵中ノ処《ところ》本月十一日貴県舘林警察署ニ於テ捕縛相成候趣キニテ即今《そっこん》貴県内臨時訊問所ニ於テ御取調中ノ由　然ル処本人等ハ屈指《くっし》之者ニシテ其関係不尠《すくなからず》自然他ノ犯人ヲ訊問スルニ該《あたり》リ要用之場合モ有之付テハ右三名之者一応当県ヘ御引渡相成様致度《いたしたく》此段御照会ニ及候也

明治十七年十一月十八日　埼玉県警部長　江夏喜蔵㊞
群馬県警部長　河野忠三殿」（２．９５５）

(三)

「回答

明治十七年十一月十八日調
福原御用係㊞

右之者共御県江《へ》引渡ノ義ニ付縷々《るる》御照会候趣致承知候《しょうちいたしそうろう》　然ニ当県ニ於而茂《おいても》関係頗《すこぶ》ル多ク取調上必要ノモノニ付一時御請求ニ応ジ御引渡申候得共《ひきわたしもうしそうらえども》御県ニ於テ御取調済《おとりしらべずみ》ノ上ハ速《すみやか》ニ御返戻有之度《おかえしもどしこれありたく》此段及御答候也《おこたえおよびそうろうなり》

埼玉県警部長宛」（2．955）

いずれも、吉沢庄左衛門、福島安蔵、山口幸作の三名に関するものである。（一）は群馬県館林で逮捕されたことに関するもの、（二）は埼玉県警の江夏警部から群馬県警の河野警部にあてた三人の身柄引き渡し依頼、（三）はその依頼に対する回答である。（一）の上申書では、彼らが高利貸しを襲撃したとか店に火を放ったなどではなく、大宮郷警察署及び同所裁判所郡役所等を襲った一味の者であるということを強調している。つまり館林警察は彼らが単なる貧民党的強盗犯ではなく、政治的騒動を企てた一味であることを割り出している。そのうえで群馬県警は（三）の回答書を送っているのである。身柄は引き渡すが、まだ調べたいことがある旨の理由で要件が済み次第速やかに身柄を返してほしいという内容である。館林には民権結社もあり、福島・喜多方事件に際しては応援のため現地まで出向いた人物もいた。これらの人々と吉沢らの接触があったかどうかはわからないが、彼らがただの貧民党ではないことを警察が見抜いている以上警察はそれとのつながりは気にするはずである。身柄を返してほしいという要求はそんな警察の動きを示しているのではないだろうか。実際にそれを疑わせるような行動があったのかもしれない。

次は、塩谷房吉に関する資料である。

「木島善一郎柴岡熊吉ノ如キハ前書塩谷房吉ト八年来賭博上ノ兄弟分ト唱フルモノニシテ房吉ノ所在ヲ得テ彼レヲ玉ニ使フ時ハ必定《ひつじょう》巨魁之両名（善一郎熊吉）踪跡モ得ラルヘキモノト相考ヘ候ニ付其段斎藤警部ニ具申ノ上指揮ヲ受ケ所在捜索中茨城県下館ニ潜伏シ居ルヲ探知セリ　仍《なお》ホ右次第同月二日熊谷出張雨宮警部ヘ具申シ速ニ派出ノ命ヲ受ケ同所ニ至リ捜索中右房吉ハ其探偵方厳《げん》ナルヲ早クモ確知シ小吏正前ヘ口頭ヲ以自首スルニ依リ本月二日引致《いんち》之上熊谷出張所ニ至リ雨宮警部ニ前書之顛末《てんまつ》具申シ同警部之指揮ニゟ《より》同日横瀬村大宮郷ニ至リ探偵為致候処《いたさせそうろうところ》果シテ横瀬村島野嘉四郎方ニ右熊吉カ潜伏致シ居リタルヲ同月四日密告シ来ルニ付速ニ就縛《しゅうばく》相成リタル義ニ有之依テ此段復命候也

十七年十二月廿九日

大宮郷警察署在勤　巡査特務　二藤政世

大宮郷警察署長　警部　斎藤勤吉殿」（1．175）

塩谷は茨城県下館に潜伏していることを探知され、追い詰められ自首したのである。その期日にはやや不明瞭な部分があるが、十二月二日であろうか。その後熊谷から横瀬大宮郷へと身柄を移され、それが柴岡熊吉逮捕につながったのであろうか。この報告書の中に「房吉ノ所在ヲ得テ彼レヲ玉ニ使フ時ハ必定《ひつじょう》巨魁之両名（善一郎熊吉）踪跡モ得ラルヘキモノト相考ヘ」とあることから塩谷の逮捕が柴岡熊吉逮捕と無関係ではなさそうである。「玉ニ使フ」の意味が理解しにくいが、何らかの形で塩谷を利用しようとしたことは理解できる。秩父事件ののち塩谷、柴岡、木島は一緒にいたのか、それとも別々に行動していたのか。最初から別々であるならば「玉ニ使フ」の意味が理解しにくい。しかし、彼らが塩谷逮捕の直前まで一緒にいたとすればその意味が明確に理解できる。塩谷が逮捕された下館は加波山事件の地元であり、自由党への強い支持基盤をもつ地域である。柴岡は自身の供述では、十一月四日に本部を離れ、八王子小田原と逃げ、熱海で湯治していたが熱海も捜索が厳しくなったので秩父に戻り妻の実家の島野家にいたところ、十二月三日に逮捕されたという。しかし、この逃走経路は柴岡自身の供述である。虚偽である可能性も強い。もしかして、柴岡も塩谷と一緒に下館にいたのではないか。柴岡と塩谷が逮捕された日が近いことも気になる。もう一つ、秩父事件中ただ一人、加波山事件のことを供述した人物がいる。田代栄助である。そして田代が最も信頼を寄せていた一人が柴岡である。柴岡塩谷らは田代からの密命を帯びて下館に潜伏していたのではないだろうか。なお、木島善一郎については、逮捕されたのかどうか、その後どうなったのか等、多くは不明である。

井出為吉、加藤織平らが東京に脱出したことについては論文1でも少しふれたが、このことについて、井出為吉の次のような供述があるのでそれを元に話を進めたい。

「副総理ナル加藤織平及ヒ高岸某萩原勘次神奈川県人ノ由ニテ吉田某ノ四人ニテ、埼玉県平邨《たいらむら》迄遁逃《とんとう》致来リシ節寧静館《ねいせいかん》ニ於テ密会ヲ約シ同村ニテ自分ト吉田某ハ東京ニ向ヒ参リ其他ノ者ハ何レニ行キタル哉分レタル侭《まま》ニテ于今《うこん》面会致サス共吉田某トモ川越ト所沢ノ間ニ於テ又相分レ終ニ自分壱人ニテ出京致シタリ」（3．945）

井出に同行したのは四人。副総理の加藤織平、高岸善吉、萩原勘次郎、神奈川県の吉田鼎である。錚々たるメンバーである。井出自身は長野県南佐久を代表する自由党員、加藤は蜂起軍の副総理、高岸はこの年の三月の自由党大会に参加している。萩原は秩父と信州を何度も往復して連絡任務に当たった人である。吉田は不明な点が多いが、加藤の供述では五十人から百人規模の隊を率い、隊長格として活躍したらしい。彼らは東京の自由党本部寧静館を目指した。

彼らがもしも、単なる逃亡の道を選んだとすれば、寧静館に行くはずはない。さらに加波山事件も終息していないこの時期、寧静館周辺が厳しく監視されていることは理解していたはずである。いわば最も逮捕の危険性の高いところであり、単に逃走を考えるならば最も避けなければならないところである。それでもなお、彼らは寧静館を目指したのである。それだけ重い任務を帯びていたということだろう。各地で蜂起の準備している自由党の同志に、秩父での蜂起成功を知らせ、決起を促す。それが彼らの任務ではなかったか。その場所としては自由党本部しかありえなかったのだろう。

# 論文6　自由党の村　坂原村法久

現在、藤岡市の市域に位置する坂原村法久は、山中谷（南甘楽郡）屈指の豪農、新井平蔵以下二十数名が党員名簿に名を連ねる自由党の村であった。十七年五月の照山事件で処断された新井愧三郎、岩井丑五郎もこの村の人である。この村に関する当時の資料を詳細に検討すると、藤岡・秩父自由党事件の背後でこれを積極的に支えたこの村の人々の動きが見えてくる。

## 1. 群馬県坂原村法久

「栄助カ自分ニ対シ云フニ群馬県ノ恩田宇一《遠田宇市》カ二度迄秩父ニ来リ云フニ群馬方ハ鉄砲一二発モ打テハ忽《たちま》チ大勢寄集リ押出ス手筈ニ成居ルトノ事故自分ハ東阪原村ニ至リ北甘楽ノ一ノ宮ノ太田屋（太田新次郎カ）ト申ス者ヲ喚《よ》ヒ寄セ群馬ノ実況ヲ問フタルニ太田屋ニ於而ハ其事ハ更ニ知ラスト云フタルノミナラス…」（3．182）

これは、小柏常次郎の供述であること小柏は田代栄助が言ったことととして、これを尋問の中で述べている。

訳せば次のようになる。

「田代栄助が自分（小柏常次郎）に対して次のように言っていたことがある。遠田宇市が二度も秩父に来て言っていたのだが、群馬の方では鉄砲を一二発も撃てばすぐに大勢が集合し行動を起こす準備が整っている。ということなので自分（田代栄助）は坂原村に出向いて北甘楽一ノ宮（現富岡市）より太田屋を呼び寄せて実際はどうなのか、と聞いてみたところ太田屋はそのようなことは少しも知らないと答えただけではなく…」

小柏の供述には虚偽が多く、どこまで真実を語っているのかと疑念を抱かせるところが多いが、

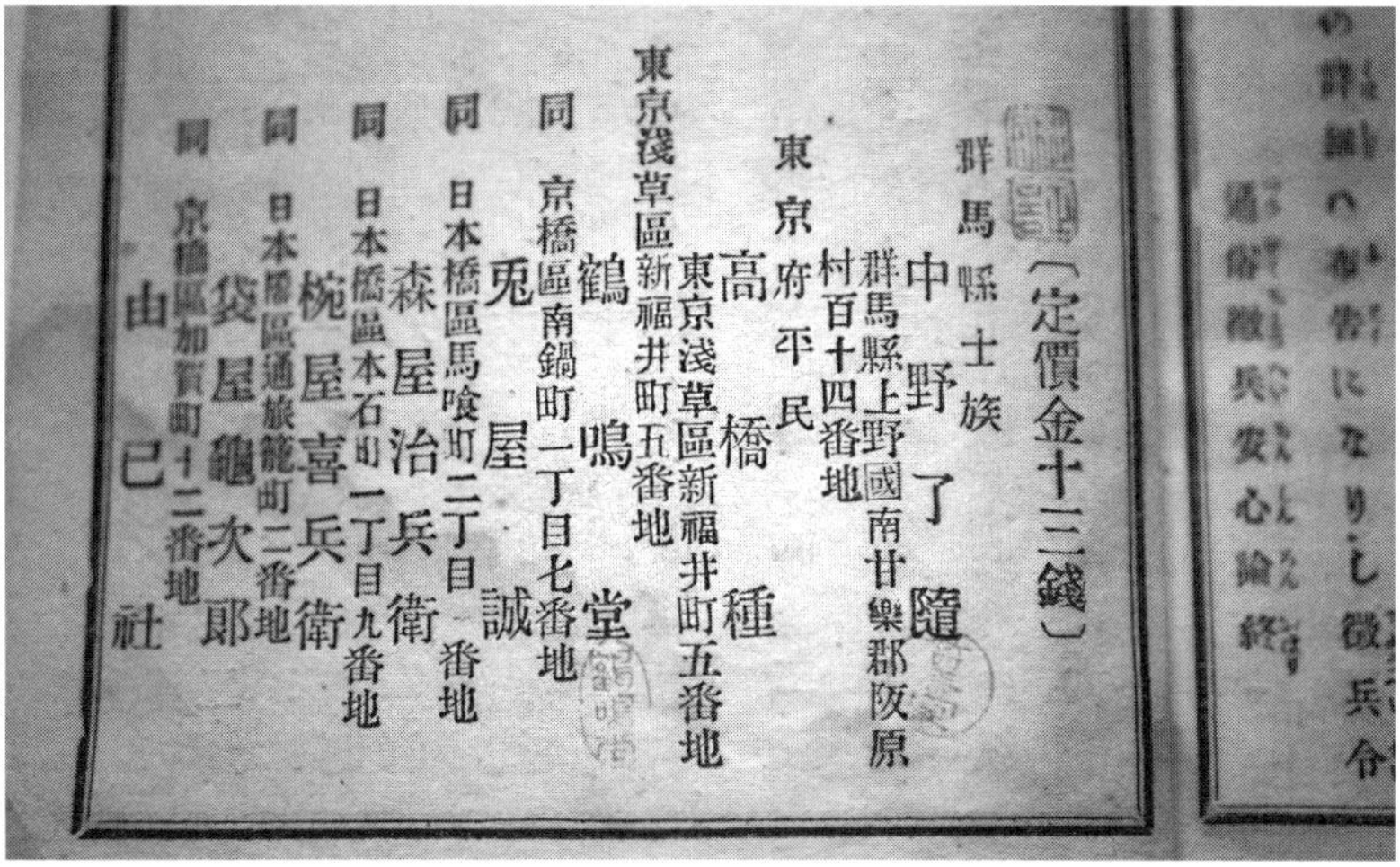

（定價金十三錢）
群馬縣士族
中野了隨
群馬縣上野國南甘樂郡阪原村百十四番地
東京府平民
高橋種
東京淺草區新福井町五番地
東京淺草區新福井町五番地
鶴鳴堂
同　京橋區南鍋町一丁目七番地
兎屋誠
同　日本橋區馬喰町二丁目一番地
森屋治兵衛
同　日本橋區本石町二丁目九番地
椀屋喜兵衛
同　日本橋區通旅籠町二番地
袋屋龜次郎
同　京橋區加賀町十二番地
由己社

『通俗徴兵安心論』奥付

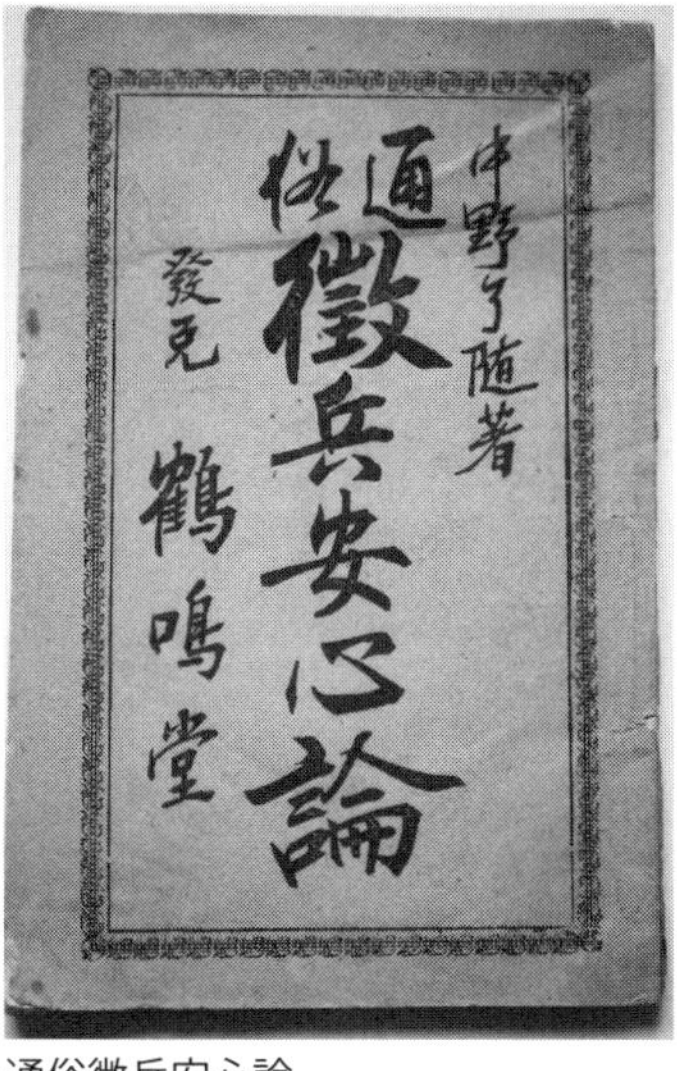


通俗徴兵安心論

この部分は特にそれを感じさせる、しかも、短い文の中に三人もの人名が出てくるので大変解釈が難しい。

小柏は遠田の言としての「鉄砲一二発モ打テハ忽《たちま》チ大勢寄集リ押出ス手筈ニ成居ル」という状況を「其事ハ更ニ知ラス」という太田屋の文言を入れることによって否定している。つまり、群馬には「鉄砲一二発モ打テハ忽《たちま》チ大勢寄集リ押出ス手筈」などという状況は全く存在しない、と言っているのである。

では、そのような動きは本当になかったのか。他の論稿ですでに見てきたように答は否、全く逆である。もし、これを事実とすれば、その後の上下日野村の人々の活躍や、新田郡の同時蜂起などの動きの説明は付かない。小柏は、田代や太田屋の名前を出すことによって自らの供述内容に客観性があるかのように装い、群馬側に被害が及ばないようにしているのである。

秩父事件を題材とした映画『草の乱』（二〇〇四年公開）でも、田代役の俳優が「わしが上州坂原村に出向いて問い合わせたところ秩父のことは聞いてないいっつう返事だった。小柏さん、上州は一体どうなってるんだい。」と語っているように、小柏のこの供述は今日まで、秩父事件研究に多大な影響を及ぼしている。

供述冒頭の坂原村法久に焦点を当て、このことを考えてみたい。

事件当時、南甘楽郡坂原村法久（現藤岡市坂原）は、坂原村のほぼ西半分を占め、西坂原とも言われていた。藤岡市の最奥部に位置し、すぐ隣は神流町柏木である。いまは、神流川筋を走る県道から離れ、かなりの距離を登らないとここにいたる事は出来ない。市内でも最も過疎化が進んだところの一つである。しかし、事件当時は神流川に沿って新町藤岡鬼石を通って十石峠信州にいたる街道と、北甘楽郡から上日野村、三波川村秩父方面を結ぶ道筋にあり、東西をつなぐ線と南北を結ぶ線が交差する交通の要衝であった。秩父事件においては北甘楽、日野方面から多くの人々がここを通り秩父の蜂起に合流していった。また、金屋の敗戦ののち、秩父からの脱出ルートとなったのもこの道であった。

## 2.　福島事件、加波山事件と法久

自由党員名簿によれば、坂原村の自由党員は二十九名。これは県内では最も多い数で、内二十三人が法久、その中心は新井愧三郎であった。愧三郎家と隣り合う本家の新井平太夫家（当時の当主は平蔵）は山中谷の御三家の一つといわれ、神流川筋では名の知れた大富豪であった。鬼石町や、万場町、神ヶ原村など神流川流域の町村では頻繁に自由党の演説会も開かれ、明治十七年当時は、「群馬県下は自由の元気の盛んにして山間僻郷も自由の空気の到らぬ隈なきは人の能く知る所なるが上野国南甘楽郡神原村辺は自由に熱心なる人々も甚だ衆く之を信ずる事の篤きこと宗教の信者にも勝れる程なりとぞ」と自由新聞に紹介されるほど、自由党の勢いが盛んであった。同じく神流川筋の大富豪黒沢円造家もこの中で、自由党一家と紹介されている。新井愧三郎は、明治二十二年中野了隋とともに『勅諭国会論』を発表したが、これはその内容から明治十五年頃書かれたものと判断できる。この地方でも、憲法や国会について議論されていたのであろう。

この新井家と血縁関係のある中庭蘭渓、村上泰治を通じて秩父へ自由党組織が作られていくのである。さて、上毛自由党の巨魁である新井愧三郎は、自由党史にも頻繁にその名が登場するが、特にあげなければならないのは、福島事件との関係である。このことについて『自由党史』には次のように記されている。

「尋ねて福島の獄起こるや河野廣中、平島松尾等密使を東京本部に派し急を告げる。よりて本部よりは高知県人数名を福島に派遣し、群馬よりは長坂八郎、伊賀我何人、大木権平、松井親民、高橋渡、山口重修らを之に応援し、且つ清水、新井、村上らは留まって福島と東西相呼応して起たんとす。」（『自由党史・下』p18参照）

「東西相呼応して起たんとす」の「東西」とは、福島と群馬のことであろうか。計画がどこまで具体的であったかは分からないが、この段階で政府転覆に向けた計画でもあったのだろうか。この記述から判断する限り群馬と福島の自由党はかなり近い関係にあった。清水は北甘楽郡の清水栄三郎、新井は新井愧三郎、村上は秩父の村上泰治である。

福島事件とは、福島三春町の民権結社「無名館」に集う人々など多くの自由党員が政府転覆の内乱陰謀を企てたとして一斉に検挙された事件である。政府転覆の盟約をした国事犯として東京の高等法院まで送られたが、河野廣中、田母野秀顕ら七人以外は、内乱陰謀の証拠なしとして無罪放免となった。しかし、田母野秀顕は当時監獄熱ともいわれて恐れられていたチフスに感染し明治十六年の末に死亡した。自由党は田母野の死を政府の弾圧の犠牲者として自由新聞に大きく取り上げるとともに、田母野秀顕顕彰碑建設のための義援金を全国から募った。坂原村と同じ南甘楽郡の神ケ原村、黒沢円造の娘とくも十七年一月に一円を寄付している。福島事件はこの地域でも大きな関心事だったのである。

『会津民権史』には山口千代作が新井愧三郎家に身を寄せたことが次のように記されている。

「宇田は官吏侮辱の余罪を避けて、米沢より庄内に潜伏し、山口は東京より群馬の新井愧三郎方に落ち、糸商人を装って南会津檜枝岐より川口の藤田與四郎方に忍び…」（『会津民権史』ｐ70参照）

群馬の自由党は福島事件をきっかけに急速に農民への働きを強め、その動きがやがて、群馬事件秩父事件につながっていったとされる。この山口千代作についての記述は、群馬の自由党、特に群馬事件、秩父事件にかかわる事になる群馬南西部の人々と福島自由党との関わりを具体的に示すものである。

また、加波山事件関係では館野芳之助の尋問調書に次のようにある。

「問　其方は群馬県に知る人ある筈なり如何に
　答　伊賀我何人照山峻三宮部襄等なり
　問　群馬県甘楽郡の者姓山ノ井と申す者爆裂薬を其方宅へ持参したるべし」（『茨城県史』）

伊賀我何人は福島喜多方事件に際し群馬から派遣されたうちの一人、宮部は上毛自由党の中心人物、照山峻三は明治十七年の四月に警察の密偵ではないかと疑われ殺害された人物である。この事件は照山事件として知られ、結果的には宮部と坂原村法久の岩井丑五郎が北海道の監獄に送られ、秩父の村上泰治は浦和監獄で獄死、新井愧三郎も後述するように数年間収監された。

館野尋問調書にある「甘楽郡の者姓山ノ井」という人物については不明だが、井上伝蔵が丸井と呼ばれていたことはよく知られている。これに類するものだろうか。江戸城に出入りするほどの商人であった井上商店の印が丸の中に「井」であったことから伝蔵はこのように呼ばれていた。法久にも井上勇吉という人物がいて活躍しているがこの人物のことだろうか。警察の館野への追及の裏には警察が何らかの情報を得ていたのではないか、という背景が考えられる。甘楽郡というだけでは、富岡方面の北甘楽郡なのか法久のある南甘楽郡なのかは分からない。しかし、五月の群馬事件で北甘楽郡は大きな弾圧を受けたので、加波山事件に先立つこの段階での北甘楽郡の目立った動きは考えにくい。新井愧三郎に連なる人々が何らかの連絡を取りつつ行動していたのだろうか。

## 3．新田騒擾事件と法久

新田騒擾事件は、秩父の蜂起と同一日に蜂起した事件として知られる。秩父事件が広域的な一斉蜂起により政府転覆を目指した自由党による政府転覆計画の一端であったとする説の根拠の一つである。

この事件は翌早朝、潜入していた警察官に幹部の数名が逮捕されたことにより、集団は混乱に陥り残った幹部も四散して事件は終わってしまった。

秩父の蜂起に比べ、規模も小さく、短期間であったため、余り重要視されてこなかったように思われる。しかし、この事件をその資料から詳細に検討してみると非常に重要な点を含んでいることがわかる。

詳細については論文５を見てもらいたいが、この中に新井愧三郎の名前が登場する。新井はこの時、照山事件に連座して収監されていたので、この事件には参加していない。新井の名を語ったのは富山県の自由党員立崎辰次郎である。彼は当時、法久の井上勇吉宅に寄留中であった。立崎の入党日は三月二十三日で、これは法久の数名と入党日が同じである。このことから、富山県で入党したのではなく、出稼ぎ寄留中に法久において入党したと見るのが適当と思われる。

彼らは、「総理板垣退助ノ命ニ依リ各地ニ散在セル自由党員拾万人カ十一月一日ヨリ三日間ニ暴発」という計画にもとづき、「県庁警察署監獄署ヲ打毀シ」て「自由政事（政治）」を実現し「租税百分ノ一」にするなど、明確に政府転覆と新たな政治体制の確立を目指しているのである。また、この文言は菊池貫平が言ったとされる次の資料とも共通する。

「現政府ノ施政ハ善良ナルヤ否御存シナル可シ　御見掛ケノ通リ人出如斯蜂起セシハ来ル二十三年ノ国会ヲ待チ兼テノ事ナリ　今十七年十一月一日全国尽ク蜂起シ現政府ヲ転覆シ直ニ国会ヲ開クノ革命ノ乱ナリ」（一日、困民党に捕捉された埼玉県土木技師の報告。土木技師は菊池貫平から聞いた内容を報告書している4・99）

さらに、上日野村から秩父蜂起に参加した新井庄蔵の次の供述とも同様である。

「近年農方一般疲弊ヲ極メ難渋ニ付自由党ノ総理板垣退助ト申ス者大坂《阪》ニ在テ全国ノ人民ヲ救ノ為メ事ヲ起シ諸所方々ヨリ一時ニ騒立高利貸ヲ潰シ租税向等モ減少スル様ニ相成ル筈ニテ秩父郡ニテハ本月一日ヲ期シ人民騒立候ニ付同所へ赴キ模様ヲ見来リ群馬県ニ於テモ続イテ騒

立ル積リニ付秩父郡ノ模様見ニ可参《まいるべし》ノ勧メニ依テ…一日カ二日ニ而帰ル心得ニテ考モナク常次郎等ニ随行シタル段今更恐入候」（3．127）

　これら資料から、新田騒擾事件を指導した人達も、上日野村から秩父の蜂起に加わった人達も、信州から参加した菊池貫平も、同じの構想のもとに行動したということが分かる。中枢からの指示のもとに忠実に動こうとしたのか、それぞれの地域の指導者が相互に連絡を取り合って、綿密な打ち合わせに基づく行動だったのか。少なくともどちらかがなければあり得ないことである。

　これに関連して、乙父《おっち》村（現多野郡上野村）の中沢鶴吉の次の資料がある。

「十七年十月二十日後日失念坂原村西野屋事新井省三方へ参リ秩夫《秩父》郡中ノ様子ヲ尋子《たずね》タルニ便利ナルモノヲ承リタルニ秩夫郡石間村字漆木ノ繁太郎方へ参リ承リタレハ巨細知レルト云《いう》ニ随ヒ同人方へ参リ彼場《地》ノ情況ヲ聞クニ当方ニテハ大宮郷ノ田代ト申ス者カ大将ニテ同月二十八日吉田村ト申ス処へ貧民党ヲ集メ高利貸ヲ打毀シ夫レヨリ警察署裁判所へ責掛ル《せめかかる》手筈ノ処日間《日限》切迫間ニ合兼候《まにあいかねそうろう》ニ付十一月一日ニ起ス事ニセシ故直チニ立戻リ省三へ係リ当新田郡ノ方モ同日ヨリ三日之間ニ起リ立様精々心配スベシト云タリ」（3．529）

　非常に重要な内容を含んでいる。現代語に翻訳すると次のとおりである。

「十七年十月二十日過ぎの何日かは忘れたが、坂原村の西野屋こと新井省三を訪ねて秩父郡の様子を聞いてみたところ、役に立つ重要な事を聞いた。それは秩父郡石間村漆木の新井繁太郎方へ行って聞けば詳細がわかるという勧めであったが、これに従って同人宅を訪ね現地の状況を聞いたところ、当方（秩父郡のことか）では大宮郷の田代という者が大将になって十月二十八日に吉田村というところに貧民党を集め、高利貸しを打ち壊し、それから警察署や裁判所に責めかかる手はずになっていた、しかし、期日が切迫し間に合わないので十一月一日に蜂起することにした。だからすぐに立ち戻って新井省三に知らせるとともに新田郡の方も同日（十一月一日）より三日間のうちに蜂起するようしっかりと努力してほしい、ということであった。」

中沢関係の資料からは、およそ次のことがわかる。十一月一日の新田郡の蜂起は、秩父の蜂起に合わせたもので、双方の指導者が連絡を取り合ったうえでの同時蜂起であったこと。秩父郡と新田郡を結ぶ要の位置に法久があったということ。当初は十月二十八日の蜂起を考えていたこと。高利貸しのほかに最初から警察署や裁判所などを攻撃対象としていたことなどである。

冒頭に紹介した、小柏の供述にも坂原があったことから、坂原村あるいは坂原村法久がこの広域蜂起事件に特別な役割を持った村であることが推測できる。また、中沢らが指導した新田騒擾事件資料の中に、そして小柏に率いられた上日野村新井庄蔵の供述にも板垣退助の名前が登場していることから、板垣本人がこの計画に関与していた可能性も否定できない。本人が関係していないにしても、板垣に近い自由党の中枢にいる人物あるいは組織がこれに絡んで、秩父、新田を含むかなり広い地域で蜂起が計画されていたことも、また想像できるのである。この詳細については、後述する。

## 4. 出稼ぎ者の活躍

先に紹介した、立崎辰次郎の他にも、法久には多くの人が入り、秩父事件に参加している。その様子を見てみたい。

### (1) 木口大二郎（十一月四日、本野上村役場を占拠した隊長）

本野上村連合戸長役場の記録の中に、十一月四日のこの村に於ける困民党軍の行動が詳細に書かれている。その中に隊長格の人物として登場するのが木口大二郎である。

「凡《およそ》十四五名計リ役場内へ這入《はいいり》何レモ抜刀ヲ杖ニツキ両側へ腰ヲ懸《か》ケ正面ニ小隊長ト見エ紫

ノ頭巾ヲ冠《かむ》リ帯刀ニテ袴ヲハキ黒ニタコ織ニ抱茗荷《かかえみょうが》ノ紋付羽織ヲ着シ傍ニ木綿縞《もめんじま》ノ袴ヲハキ抜刀ヲ携副隊長ラシキ者壱名並居其他竹槍組内ニ鉄砲持タルモノ凡廿名計リ何レモ脅迫ト見エ役場表ニ控エタリ…」（本野上村連合戸長役場文書）

この資料にある「紫ノ頭巾」の隊長が、北甘楽郡岡本村の木口大二郎だということは、論文2で示したとおりである。整然と役場に乗り込み村の役職者に命令を下しているところからして、困民党軍の中でかなりの地位にいたと見てよい。さらに、彼の部下（率いた人々）たちの整然とした様子や自身の落ち着いた話しぶりなどから、木口大次郎の指揮官としての手慣れた様子が見て取れるのである。

彼は困民党軍が金屋で敗北した後、逃走途中に捕らえられる。

予審終結言い渡し書は次の通りである。

「被告大二郎ハ同県南甘楽郡坂原村へ出稼中埼玉県秩父郡ニ於テ自由党員共カ暴発ヲ為シタル旨聞知セシヨリ明治十七年十一月三日同所ヲ発シ同日午後秩父郡大宮郷へ到リ田代栄助等カ企タル暴挙ニ与シ…」（3．245）

木口の参加経緯については「南甘楽郡坂原村へ出稼中」とある。坂原村とあるが、おそらく法久だろう。彼は、ここから秩父蜂起に加わったのである。しかし、「出稼中」というのはどうだろうか。ただ単に困民党の一員に加わったのならばそれは分かる。しかし、隊長として活躍した事実からみるとこれはおかしい。一出稼ぎ者が、数日の困民党軍の活動の中で隊長格に上ることは不可能である。おそらく蜂起のかなり前から秩父困民党にかかわっていたのだろう。「出稼ぎ」とは、その様な活動を隠すために、木口が取り調べの中で語ったものと思われる。秩父の蜂起に先立ち、坂原村には、ひそかにこのような人々が集結していた可能性がある。

## （2）井上勇吉方職人

三波川村は法久と日野村をつなぐ位置にある。その村の新井弥市の供述の中に法久の井上勇吉方職人の話が出てくる。

「十月三十日夕刻坂原村字法久井上勇吉新井清吉姓ハ失念留吉三人ノ名札ヲ持参勇吉方職人（其節姓名ヲ名乗リタレ共終ニ失念）カ来リ法久ヨリ秩父ヘ取合シタル処日野村ヨリ出ルモノハ暫ク待テト言フ事ヲ愛太郎《辺見愛太郎》方ニ報知ニ行モノ故送テ呉レロト申ニ付任其意《そのいにまかせ》ニ愛太郎方ヘ送リタル儀ニ有之」（3．20）

この供述から、井上勇吉とともに井上方の職人（出稼ぎ者であろうか）が連絡員として活躍している事や、日野村の人々の秩父へ出発の日時をめぐって慌ただしく連絡が取られていた様子が分かる。

なお、井上勇吉は最初に紹介した常次郎供述「群馬方ハ鉄砲一二発モ打テハ忽《たちま》チ大勢寄集リ押出ス手筈ニ成居ルトノ事故…」の供述に続く次の部分に登場する。

「問　栄助ノ阪原ニ行キタル月日及ヒ太田屋ヲ喚寄セタル場所ヲ申シ立テヨ
答　本年十月二十三日井上雄《勇》吉方ト心得ルナリ　尤《もっと》モ田代ヘハ誰《だれか》トカ付キ行キタル筈ナリ」
（3．183）

秩父と群馬をつなぐ連絡拠点として井上勇吉宅が浮かび上がってくる。井上勇吉も、その様な連絡任務を取り仕切る一人として活躍していたのであろう。勇吉方職人とは、蜂起に向け各地からこの地域に応援のため入っていた人々なのだろうか。

### （3）太田部《おおたぶ》村と法久、代人として参加した人々

埼玉県秩父郡太田部村は神流川を挟んで法久と向かい合った位置にあり、法久の隣村である。太田部からも多くの人々が秩父事件に参加したのだが、大きな特徴がある。参加の仕方が他村と違っているのである。それは、出稼ぎ者がこの村の人々の代人として雇われ、日当をもらっ

て困民党軍に加わっている事なのだが、不思議なことに彼らは太田部に出稼ぎに来ていたのではない。彼らの寄留先は坂原村であり、坂原村から太田部村に出向いて事件に参加しているのである。彼らについて次の資料がある。

①大久保彦吉（栃木県下河内郡東川田村五番地平民土方職　二十一年）

「自分ハ南甘楽郡坂原村新道《しんどう》普請場《ふしんば》ニ罷居《まかりお》ル処本月三日秩父郡太田部村姓不知作二郎《多田作二郎》ニ頼マレ同夜十時頃作二郎代《かわり》トシテ秩父郡石間村へ参《まいり》候《そうろう》処《ところ》多人数集合…」（２．２６７）

②大野米吉（富山県下新川郡愛場村六百四十番地　文三郎二男平民農　三十二年）

「自分儀稼ノ為メ兼テ群馬県下南甘楽郡坂原村新井清次郎宅ニ稼居ル処本年十一月三日午後七時頃自分カ農業先ヘ秩父郡太田部村黒沢友吉ナル者参リ暴徒カ焼払フト云フテ来ルニ付キ飯能《半納》ト云フ処迄参リ先方ノ様子ヲ見テ貰ヒタシトノ依頼ニ応シ…」（２．２７０）

③清水岩太郎（長野県北佐久郡岩村田町　平民重兵衛長男農間黒鍬職　四十一年）

「自分儀群馬県下南甘楽郡坂原村新道普請ニ付稼居折柄本月三日夕刻兼而懇意ナル秩父郡太田部村新井貞作母某カ来リ人足ニ頼マレ同村ニ至リ夫レヨリ該村ノ者凡ソ二十五名ト供ニ同郡飯能ト云フ処迄参リタルニ…」（２．２９４）

このように、出稼ぎで坂原村に来ていた人々が「代人」という形で事件に参加しているのである。

彼らは太田部村から来た人たちに依頼されたと答えているが果たしてどうなのだろうか。事件への法久のかかわりから言えば彼らは自ら積極的に参加した。あるいは法久の人々に頼まれ参加ということも考えられるのではないだろうか。太田部村の新井小平の始末書には次のような部分がある。

「若シ肯セサレハ直ニ斬殺又ハ家屋等ヲ放火スヘシトノ脅迫ニ拠リ当惑《とうわく》罷《まかり》在《あり》候《そうろう》処《ところ》群馬県下南甘楽郡坂原村字新道ト申処ヨリ三名参リ内一人儀群馬県多胡郡下日野村小島広吉ト申者右事件相話候処該人ノ曰《いわく》日当ヲ給与セハ自分代人ニ可相立申スニ依リ…」（2．262）

これによれば、小島広吉等三人は自ら坂原村から自ら太田部村へ出向き代人になったことになる。しかし、当の小島広吉の尋問調書では次のように答え、坂原村の名前は出していない。

「自分ハ兼テ秩父郡太田部村新井小平方ニ農事之為雇居ル処本月三日正午時凶器ヲ携ヒル者三名参リ一戸壱人ツツノ人足ヲ出セ…」

小島広吉ら三人とは、小島と同じく下日野村から当地に出向き、出稼ぎ中代人として参加したと答えている黒沢伊之吉、山田卯之吉の三人だろうか。だとすれば三人ともが坂原の名前を出さなかったことになり、意図的に坂原村を伏せたとも考えられる。やはり坂原村には重要な何かがあったのである。

山田卯之吉はこの後、大宮郷から皆野、さらに信州隊に加わりに山中谷まで行ったことを供述している。小島ら日野村の人々は単なる出稼ぎではなく、何らかの別任務を帯びて坂原村まで来ていた可能性がある。各地から坂原村に集まった人たちについても、どのような目的や経緯で坂原村に集結したのか、詳細な調査が必要なように思われる。

## 5．新井平蔵と法久の動き

### （1）秩父事件の巨魁の一人、新井平蔵

法久に「出稼ぎ」に集まった人々が困民党に参加し、連絡員として活躍した。幹部として一隊を率いた人もいる。当然、彼らが独自にそのような働きの道を選んだわけではない。坂原村法久の強力な支持乃至後押しがあったと考えるべきである。何といってもこの村は自由党の村なのである。この村の動きを調べる必要がある。

次のような資料がある。

「　急報

暴徒集合セシ場所ハ南甘楽郡保美濃山村近傍ナルモ次第ニ附加随行シテ七百余名ニ及ヒ遂ニ八幡山近傍ヘ向ケ発行スルノ景状ナレハ御署ヲ目的スルモノノ如キ景状モ有之候条御注意有之度此段御急報候也

明治十七年十一月二日

藤岡警察署長

警部　高山幸男代理

巡査　永井　弘

岩鼻監獄署長

典獄　近藤　清　殿

再伸　集合ノ場所ハ五六ケ所ナリ　尚追々御報道スヘシ　」（5．235）

これは、十一月二日の状況についての藤岡警察署、永井巡査の報告である。連絡先は岩鼻監獄署。内容は、保美濃山近傍に七百名あまりの人民が集合して、八幡山方面に出動していく気配がある。彼らの目標は岩鼻監獄署かもしれないので十分な注意をお願いしたい。というものである。八幡山とは現在の本庄市児玉町。四日の深夜、児玉町の手前金屋で激戦が展開されたが、この金屋隊の目標が岩鼻陸軍火薬製造所と考えられる。岩鼻監獄はこの火薬製造所に隣接する

新井平蔵の墓（藤岡市坂原法久）

施設と考えてよい。彼らは弾薬を奪い、かつ囚人を解放するとともに彼らを仲間に引き入れようと考えていたと思われる。このことについてはぜひ論文1、論文2などを参考にしてもらいたい。さて、藤岡警察はすでに二日には攻撃目標の一つが児玉町でさらにその先が岩鼻だという情報をつかんでいたのである。資料中の保美濃山村は坂原村の隣村である。神流川に沿って鬼石町から上流に譲原、保美濃山、坂原、柏木と村々が連なり、集落が点在する。資料の中の「保美濃山近傍」には当然、坂原村も含まれている。この付近に人民が集結していたのである。これは先ほどの出稼ぎ者の秩父事件参加に関する資料とも一致する。

「急報ヲ以テ申進候　法久人民同村新井平蔵宅ヘ集合シ各自刀ヲ所持致シ甚タ不穏ノ状景モ有之且当方ヨリ種々探知スル処五日六日位ノ食物ハ差支《さしつかえ》ナク相送リ候抔トノ云々モ有之　小生察ス

ル處秩父郡へ赴ヤノ説モ探知セリ…」（十一月二日夜十時発、藤岡警察署万場分署報告　5．734）

この報告は具体的である。新井平蔵宅と場所を特定していること。「各自刀ヲ所持致シ」「五日六日位ノ食物ハ差支ナク相送リ候」などと状況を具体的に述べていること、これ等から、報告書の信憑性は高い。新井平蔵は、先に紹介したように新井愧三郎家の本家にあたり、南甘楽郡有数の大富豪である。また、自由党員であり県会議員でもあった。次の資料もある。

「　手続書

明治十七年十一月五日午前八時頃緑埜郡三波川村字金丸ト唱フル要所ニ哨兵《しょうへい》罷在候處南甘楽郡坂原村字切通シヘ凡五六百名余ノ集合セルヲ見認メ岡田警部ノ命ニ従ヒ小吏《しょうり》共追跡クラカリ峠ト唱フ所ニ於テ該暴徒ト炮切戦《ほうせつせん》ノ末…中略…ノ両名ヲ捕獲シ其余ノ者ハ悉《ことごと》ク所々へ散乱終ニ踪跡ヲ失シタリ…（省略）

明治十七年十一月五日

巡査　福山　鉄蔵

同　飯島包次郎

以下12名の名（省略）

警部長　河野　忠三殿

」（5．364）

ここでは警官隊と人民の部隊が「坂原村字切通シ」というところで「炮切戦」になったというのである。この戦いで警察は二名の賊をとらえたというが、この時捕らえられた一人が富山県浦山村の中宇平であり、譲原村の自由党員、横田伝内家に出稼ぎ寄留中であった。

さて、このように坂原村及びその近辺に人民が集合し、しかも警官隊と戦まで展開しながら、新井平蔵は警察に逮捕された資料も、拘引されたという資料もない。秩父事件の謎は多いが、これもその大きな謎の一つであろう。

（２）坂原村の人々の活躍

新井文吾は保美濃山村の自由党員である。この人物について、新井広司さんの著書『西南上州の秩父事件』に、子孫の話として、次のように紹介されている。

「文吾はもと小幡藩士、明治維新後縁あって法久の新井平蔵方に寄食中、人物を見込まれて平蔵の弟分として入籍、平蔵が保美濃山村地内に持っていた山林を持参して、保美濃山で代々名主を勤めた新井家の俊五郎に男子がなかったので、俊五郎の娘けいと結婚をした。秩父事件の時いなくなり、帰ってきたのは赤ん坊だった方辰が四歳になっていたとの事である。」

秩父事件関係の資料の中に、新井文吾が困民党の側で働いたことを示す資料は一切無い、しかし、この子孫の話にある新井平蔵との関わりと、先の新井平蔵宅への人民集合の動きからして、文吾が何らかの大きな役割を負っていたことは推測できるのである。
坂原村のもう一人の人物について、警察資料に次のようなものがある。
「秩父郡田村郷原村常吉（三十八年六月）群馬県坂原村新井国五郎（廿六年）右ハ本月十二日神奈川県下西多摩郡日原《桧原》村ニテ捕獲シ暴徒ニ與ミセシ者ト認メ本県警察署へ送リ来ルニヨリ直ニ之ヲ熊谷警察署ニ送付シテ処分セシム」（4．314）
新井国五郎たちは、十一月十二日に桧原村で逮捕されたという。彼らがどのような経緯でここにいたかは不明だが、その日付と場所を考えるならば可能性として最も高いのは長野県の東馬流の戦いののちここまで逃れてきたとみるのが妥当だろう。これも坂原村の秩父事件への関わりを示すものである。

## 6．法久会議と自由党解党

以上見てきたように、法久をめぐる様々な事象から考えて、冒頭に紹介した常次郎の供述は多分に虚偽を含んでいる。群馬の状況はやはり「群馬方ハ鉄砲一二発モ打テハ忽《たちま》チ大勢寄集リ押出ス」状況だったと見るのが正しい。少なくとも、「（群馬の実況を問うたるに）太田屋ニ於而ハ其事ハ更ニ知ラス」つまり、「太田屋に群馬の状況を聞いてみたところ、そんな話は全く知らないということであった」などということはありえない。小柏のこの供述は、多分に捜査を攪乱する目的で語られている。どこで会議が開かれたのか、田代はそこに行ったのか、一宮の太田屋とは誰なのか、そもそも会議は開かれたのかなど、すべてを疑うべきなのである。これらについて、いくつかの点に絞って考えてみたい。

まず、なぜ、田代栄助が法久まで出向いたかである。この点については本当に行ったのかという疑いも抱かせる。もしも、今日知られているように、秩父事件は文字通り秩父が中心で、その組織の中心に田代栄助がいたのならば、一宮の太田屋をなぜ秩父に呼び寄せなかったのか、ということが疑問となる。わざわざ田代が自らここに出向いて行くというのもおかしな話しである。また、本当に群馬の様子を知りたいならば、法久のような秩父に隣接した場所ではなく、高崎や富岡方面などもっと群馬に深く入ったところに行くべきであろう。

すでに述べてきたように群馬県側には特に日野村を中心に多胡・北甘楽郡方面にかけて具体的な蜂起の計画があった。また、新田郡では実際に秩父と同じ日に蜂起している。秩父郡下吉田村椋神社での決起がこれら各地との同時蜂起をねらったものであるとすれば、それら地域の指導者と最終的な確認も必要となるであろう。なぜ南甘楽郡法久で会議が開かれたのか、という理由はここにあるのではないだろうか。坂原村法久は地理的に見て秩父と群馬の結ぶ結節点にある。秩父に最も近い群馬の村であり、ここには多胡郡の中心吉井方面から日野村三波川村を通り秩父へとつながる、通称秩父道が通り、また、藤岡や鬼石方面から神流川筋を通り長野県佐久へとつながる信州道が通っている。二つの大きな街道が交差している交通の要衝なのである。しかも、地域の人々はみな自由党員であり、広く名の知られた新井愧三郎以外にも何人もの活動家がいる。田代栄助は秩父の責任者としてこれに参加したのではないだろうか。

先に紹介した新田騒擾指導者、南甘楽郡乙父村の自由党員中沢鶴吉の尋問調書抜粋の次の部分はこの頃法久で重要な会議が開かれたことを窺わせる。

「十七年十月二十日後日失念坂原村西野屋事新井省三方へ参リ秩夫《秩父》郡中ノ様子ヲ尋子《たずね》タルニ

便利ナルモノヲ承リタルニ秩夫郡石間村字漆木ノ繁太郎方へ参リ承リタレハ巨細知レルト云《いう》ニ随ヒ」（中沢鶴吉尋問調書抜粋）

中沢は「秩父郡中ノ様子ヲ尋子」る目的で法久の新井省三方に行ったといっているが、それは新井省三のところに行けば秩父の様子がわかるということであり、それほど法久と秩父はつながっていたということであろう。

二つ目の疑問は「一ノ宮ノ太田屋」である。太田屋は「そんな話は全く知らない」と答えたというが、仮に、太田屋なる人物が一の宮にいて、自由党の活動の指導的立場にあったとすれば、同じ北甘楽郡内の国峰村や天引村や造石村、白倉村などの人民の動きを知らぬはずはない。これらの村からは多くの人々が秩父事件に参加している。「其事ハ更ニ知ラス」は群馬の動きを隠蔽するために、小柏が太田屋の名を借りて言ったに過ぎない。事実はこれとは全く逆である。さらに、「一ノ宮ノ太田屋」の真実性が疑わしい。尋問調書には付箋が貼られ、「太田新次郎カ」、となっている。太田新次郎は実在の人物らしいが、秩父事件関係資料からも群馬事件関係資料からもその名前は見いだせない。自由党あるいは一連の蜂起に向けた動きとは全く関係のない人物の可能性が高い。一ノ宮でなく魚尾村の太田屋、つまり黒田金八郎ではないかということは論文4で述べたとおりである。黒田は南甘楽郡魚尾村の富豪で実業家、県会議員も勤めている。謎の電報事件に関係した一人でもある。小柏はこれを隠すために「一ノ宮」の太田屋としたのではないだろうか。

三つ目の疑問は会議の期日である。小柏供述の中に次のような部分がある。

「問　東京本部ヨリ何日誰レカ伝蔵方ニ来タリシカ　且ツ汝ハ本部ノ使ニ面会セシカ
答　使ノ参リシ日ハ本年十月廿三日ノ夜ニ有之　而シテ其使ノ氏名ハ自分知ラサルハ勿論已ニ面会モ致ササルナリ　尤モ暴発ノ事ニ決シタルカ為メ使モ力ヲ落シテ帰京シタリト伝蔵ヨリ承知セリ」（3．182）

これは、蜂起前、秩父郡下吉田村の井上伝蔵宅に自由党本部から使いが来たことについて述べている部分である。

小柏はこの日を十月二十三日といっているが、これは明らかにおかしい。小柏は、田代が坂原に行って群馬の状況を確認したという日についても、次のように、二十三日といっているのである。

「問　栄助ノ阪原ニ行キタル月日及ヒ太田屋ヲ喚寄セタル場所ヲ申シ立テヨ
答　本年十月二十三日井上雄《勇》吉方ト心得ルナリ　尤《もっと》モ田代ヘハ誰《だれか》トカ付キ行キタル筈ナリ」

蜂起前、その決行を確認する大事な局面で、このような重要な会議が同一日に開催されるはずがない。

これでは東京の自由党本部から使いが来たその会議の場に田代がいないことになってしまう。どちらかの期日が違うのである。坂原村の会議か下吉田村井上伝蔵宅での会議か。田代以上に饒舌に多くの嘘を供述している小柏である。蜂起決定に関わるこの局面についての供述に嘘がないはずはない。次の供述を見てほしい。先の「栄助ノ阪原ニ行キタル月日及ヒ太田屋ヲ喚寄セタル場所ヲ申シ立テヨ」という警察の問いに先立つ部分である。

「其頃之集合事件ニ付テハ東京ノ自由党本部ヨリ下吉田村井上伝蔵方ニ軽挙ノ事ナキ様ニ致セト申越シタル事モアレハ自分並ニ井上伝蔵ハ強而《しいて》平和説ヲ唱《となえ》ヒタレトモ加藤折平神奈川県ノ太郎《柏木太郎吉》等ハ秩父郡中ノ高利貸ハ残ラス放火又ハ打毀シタル上官ノ手配アラバ進ンテ抗敵スルノ外得策ナシト主張シ遂ニ其説ニ押サレ止ヲ得ス其説ニ同意一決シタル次第ニ有之候」（3．183）

ここには国会開設も、立憲体制の確立も、岩鼻火薬製造所への攻撃計画も警察署や郡役所占拠の計画も出てこない。「秩父郡中ノ高利貸ハ残ラス放火又ハ打毀シ」と、まるで高利貸し征伐以外に目的はありません、といっているのである。そればかりか「平和説」まで飛び出す始末である。仮にあったとすれば平和説ではなく延期説なのだが、もとより小柏がそんな説を持っているとも思えない。供述では小柏、井上と加藤、柏木の間に意見の対立があったかの如き印象まで植え付けようとしているが、これも嘘であろう。蜂起軍の大幹部である彼らの中に、この段階でそれほどの意見対立はないはずである。井上伝蔵宅会議の存在にまで疑念がわくが、この点については今後の研究課題とすべきと考える。

椋神社における困民党決起に関して『自由党史』に次の部分がある。

「蓋《けだ》し自由党は始めより言論集会出版の自由に拠《よ》って完美なる立憲政体を樹立せんことを期せり。然るにこの平和なる改革者に向かって暴力を以て臨めるものは実に政府並びに其の與党《よとう》なり。…中略… 先《ま》づ此の暴力の圧迫を受け、之が犠牲に供せられたるものは、福島県なりき。斯《かく》の如く、政府先づ暴力を以て自由党を挑《いど》む。自由党たる者奚《いずくん》ぞ激昂して之に当たらざるを得んや。自由党が其党の形体を解き、之をして無形の団体たらしめ、其旅進旅退《りょしんりょたい》に代ふるに自由の行動を以てし、以て政府をして狼狽困沌、出づるに所なからしめんと図りたるもの、亦《また》実に其正当防衛に出でたるなり。自由党の解党と同時に暗中の飛躍を策する者あり。埼玉の暴動正に起り、飯田、名古屋、静岡等機に乗じて各地を連結し、干戈をうごかさんと企図する者あり。」（強調は筆者による）

『自由党史』によれば、自由党解党を合図に事を起こそうとする者がいたということであり、「埼玉の暴動」はまさにそのような中で起こったものだと言っているのである。それは自由党大阪会議参加者の中に群馬・秩父方面で蜂起を画する人々と繋がっている者がいた、とも解釈できる。両者を結びつけるものが坂原村法久での会議ではなかったか。小柏は「使モ力ヲ落シテ帰京シタリト」とのべ、自由党本部からの使いが蜂起はしばらく待つようにとの説得に失敗して、落胆して帰途に就いた旨が述べられているが果してどうか、実際はその逆だったのではないだろうか。この点についても、今後さらに諸資料を集め検討していくべき課題と考える。しかし、以上見てきたように、坂原村法久と秩父事件との関係は非常に強い。秩父を含めた各方面が連絡を取ったうえでの広域的蜂起計画の存在は明らかである。これを否定的に述べた常次郎供述はその存在をより明らかにしているように思える。坂原村こそ各地組織をつなぐ結節点としての働きを果たした最重要村だったのではないだろうか。

# 論文7　加波山事件と秩父事件

## ――民権結社明巳会と世界遺産『高山社』――

明巳会はこの地域にあった民権結社である。彼らは自由党明巳会を名乗り、多くは高山社社員でもあった。また、明巳会の中心人物、埼玉県藤木戸村の松本庄八が自邸内に作ったのが民権学校、発陽学舎である。彼らの中には河野広中や、五十川元吉ら福島・喜多方事件や加波山事件の関係者と交流を持った人物もいた。藤岡・秩父自由党事件と加波山事件の関係を探り、「自由自治元年」の謎に迫る。

## 1. 明巳会《めいしかい》と高山社

明巳会はかつて、群馬県南部と埼玉県北部にまたがって会員を有した民権結社である。また、高山社は群馬県緑野郡（緑埜郡と表記されることもある）高山村（現藤岡市）に起源をもつ養蚕技術伝習所である。両組織の起源は多少異なるが明治十年代に大きく発展をしたという共通点を持つ。明巳会の中心地は緑野郡新町（現高崎市新町）、高山社の中心地は緑野郡藤岡町（現藤岡市）である。高山社は同郡高山村の高山長五郎が組織した養蚕の研究普及機関、長五郎が失敗を繰り返しながら研究を重ね、ようやく確立したのが清温育という養蚕方法であった。失敗しない養蚕方法は評判を呼び、教えを乞うものが絶えなかったという。そんな人々の希望に沿うべく、半ば山村といってもよい手狭な高山村から郡都の藤岡町に進出したのは明治十七年のことである。政治結社と養蚕改良機関、全く異分野の二組織だが、この二つの組織には秩父事件に参加した人や、事件の周辺にいてこれに関わった人々がいる。

昭和三年、自身の金屋戦争の体験を新聞に掲載した小泉信太郎と、論文2で紹介した謎の電報事件で、新町駅よりこれを送信した三俣七郎右衛門は共に明巳会会員であり、高山社幹部社員である。また、論文3で「もう一人の巨魁」として紹介した小柏八郎治も高山社の幹部である。

このように、事件を語る上できわめて重要な人物達が二つの組織には関わっている。組織として事件に加担した可能性もある。二つの組織には、これまで紹介した人物の他にも多くの自由党員や民権派の人々がいる。彼らは自由民権運動を地域において積極的に担った人々であった。二つの組織と、それぞれの代表的な人物に焦点を当て、秩父事件との関係を探ってみたい。

明巳会の発足について、この会の幹部の三俣素平は次のように記している。

「明巳会なるものは去る明治十四年緑埜郡新町駅某所に始めて創立せしを以て、依って名付けて明巳会とは称せり、其の目的は常に政治上の議論をなし、毎月数会演説会を公開せしを以て当時郡中の民心を振起せしこと少なからず…」（『新町町史』）

明巳会とは民権結社らしからぬ、やや奇妙に聞こえる名前である。誕生した年がたまたま巳年であったため、明治の世の巳年ということでこう名付けたともいうが、しかし、本当の意味は別にあって、それは、民間信仰の神としての蛇にあやかったのだという。蛇は春、明るく暖かくなった頃姿を見せるところから、世の中を明るくする神として信仰があり、つまり、その蛇にあやかって、自分たちも世の中を明るく力になろうというのである。

明巳会の発足は明治十四年の十二月である。これは、同年十月に板垣退助らによって自由党が結成され、それを受けてのことである。したがって彼らは自らを自由党明巳会と呼ぶこともあった。しかし、この年に突然組織ができたわけではなく、活動は明治十年ころからであったという。

三俣素平がいうように明巳会は頻繁に演説会を開き、その招きに応じ大石正己、堀口昇、末広重恭らがこの町を訪れている。「当時郡中の民心を振起せしこと少なからず…」とあるように、民権思想はこの地域に大いに広まっていったと思われる。

明巳会について、朝野新聞に次のような記事がある。

「敝社《へいしゃ》の浅野は末広の病気高橋の府会出席等にて社務も繁忙《はんぼう》なれば数日を費やす所は勿論《もちろん》概ね地方の招聘《しょうへい》を謝絶し居りしが上州新町の明巳社演説会は自由党本部の紹介もあり、会主も埼玉地方部の幹事にて達ての倚頼《いらい》故出張するに決し…」（『埼玉自由民権運動史料』・明治十五年五月十四日　朝野新聞）

「会主も埼玉地方部の幹事にて」とあるが、これは、素平の親戚に当たる埼玉県藤木戸村の松本庄八のことである。松本は明治十四年十月の自由党結成大会に参加している。「自由党本部の紹介も有り」としているのは、このような関係からであろう。自由党本部も明巳会には一目置いていたのである。

なお、明巳会は会員名簿が現存しないいため、会員数を含め、組織の実体についてははっきり分からない部分が多い。今のところ名前が確認できるのは十名程度である。高橋基一の記事では明治十四年十一月段階ですでに会員七八十人と成っていることから、明治十七年の頃には数百人規模に達していたことは十分想像できる。

## 2. 激化状況と明巳会

明巳会のなかで秩父事件に参加したことが明らかなのは、今のところ緑野郡上栗須村の小泉信太郎だけである。しかし、小泉は上毛新聞に寄せた回想録のなかで次のようにいっている。
「自由党に対する政府の圧迫と云ふものは言語に絶してゐた《いた》がそれ丈《だけ》自由党の活躍は目覚ましいものであった…中略…群馬県下では宮部襄《のぼる》大将株とし長坂八郎、深井卓司、照山峻三、村上泰次《泰治》、高津仲次郎、宮口二郎の諸君が本部と連絡を取って政府転覆をモットーに自由民権の大衆運動を起こしつつ有った」（上毛新聞連載・『上毛今昔物語』）
この記事の中に登場する高津仲次郎は、後に保安条例で首都退去処分を受け、第一回選挙で帝国議会議員となる人物である。明巳会の中心の一人である。記事のように、彼が事件前から政府転覆を策していたとすれば、彼のいた明巳会もその方向で活動していたとも考えられる。秩父困民党軍に直接参加、あるいはこれに応ずる動きをしていたとしても何等不思議はない。小泉信太郎の事件参加も、その線で考えるべきであろう。また、三俣七郎衛が関わった謎の電報事件もその流れの中にあると見て良い。

明治十六年の新聞記事に次のようなものがある。

「去る六日上武二州の有志輩が武州加美郡勅使河原《てしがわら》村の地先なる神流川の中洲にて野遊懇談会を催ほしたり其概略を記せば武州有志者は白旗を立て東の方に陣し上州有志者は西の方に幕を張り赤旗を翻《ひるがえ》へして屯集し…両国の有志者数百人は正午より来集して第一番に球奪ひ第二番に旗奪ひ第三番に野試合の勝負を成せしが第一番第二番は激しき組

明巳会の演説会が開かれた専福寺（高崎市新町）

討ちにて双方に負傷せし者あり予て中央の南方に設けたる医員出張所にて治療を施したりこの二番は余りに激しすぎて面白きよりも寧ろ危きに心を痛め且つ引分けになりしが第三番は、華々しき戦いにて終に赤隊すなわち上州方が勝をえたり…」（『埼玉自由民権運動史料』・明治十六年五月十一日郵便報知新聞）

「会員は東西に別れ一方は赤一方は白の旗章を押建て輜重《しちょう》などもありて宛《あたか》も先人の出で立ちに異ならざる有様にて第一に玉奪ひ第二に旗奪ひ第三に炮烙《ほうらく》撃剣を為し又馬上の打会抔《など》もあり目覚しきことにてありしといふ」（『埼玉自由民権運動史料』・明治十六年五月十三日朝野新聞）

会場が「勅使河原村の地先」の神流川中洲であること、武州と上州の有志者を動員している点から考えて、この懇親会なるものを催した主体は明巳会と考えられる。群馬県山中谷を流れ下った神流川は谷口である鬼石町を過ぎて広い河原を形成する。大水の度に膨大な土砂を押し流し、暴れ川と言われたこの川は場所によっては幅一キロにも及ぶ河原を形成していた。そのほぼ中央部が県境となっている。余談であるが、この神流川河原は、明治末年ころからしばしば軍事訓練の場として使われ、昭和九年には天皇行幸のもと三日間に渡り陸軍大演習がおこなわれている。そんな関係から、新町には軍事施設が置かれ、それは戦後自衛隊駐屯地となり、現在に至っている。その新町の対岸が記事にある賀美郡勅使河原村（現埼玉県上里町）である。

さて、新聞が報じる催しは、名前を野遊懇談会としているが、これは一種の軍事訓練である。記事はこの模様を「先人の出で立ちに異ならざる有様にて」と伝え、人々が戦国時代さながらの戦支度《いくさじたく》で参加した様子を報じている。

ところで、このような訓練は明治十六年当時、各地の自由党組織が行っていたという。この頃の情勢について、『自由党史』は次のように記している。

「是に於いて到る処に地方懇親会の盛行《せいこう》を見ざるなく、而して撃剣、要馬、騎射、若しくは旗奪等の武技専ら用いられたり。（中略）壮士激徒みな既に言論に頼って、政体改造の功立る方法絶えたるを信じ、密《ひそか》に天下の変を思い、一死を賭して事を挙げんとする兆候を見せり。」

このような動きの中に明巳会もあったのである。

## 3．加波山事件と高津仲次郎

激化状況と明巳会をつなぐものとして高津仲次郎の活動がある。

加波山事件関係資料の中に次の書簡がある。

明治二十四年八月　五十川元吉から兄の五十川房次郎に宛てたものである。

「陳者《のぶれば》小生壮剛服役勉励致居候間御休懐《きゅうかい》アレ、却説《きゃくせつ》去ル十四日故旧《こきゅう》群馬県代議士高津仲二郎、同県武藤金吉ノ両氏、板垣退助、河野廣中両君之代理トシテ当監ニ来ラレ久々ニテ両氏に面接ヲ遂ゲ鬱懐《うっかい》ヲ散ジ申候、板垣、河野ノ両君当地ニ来ラレザリシハ遺憾中ノ遺憾至極ニ御座候」


（『喜多方市史』６・P７６９）

高津仲次郎顕彰碑（藤岡市森）

（訳文）

「お元気ですか。私は体も丈夫にまた、元気に服役しております。どうかご安心ください。ところで去る八月十四日、古い友人である群馬県代議士の高津仲次郎君と同じく群馬県の武藤金吉君が板垣退

高津渡の墓（藤岡市中島）
渡は一九二三年の群馬青年共産党事件で検挙され死亡した。「人　その友のために己の生命をすつる　これより大いなる愛はなし」選句は父の仲次郎である。

助、河野広中両氏の代理として見舞いに来てくれました。久々に両氏に会ってうつうつとした気分も晴れました。しかし、板垣、河野の二人はどうして来てくれないのでしょう。残念でなりません。」

これは、明治二十四年第一回の帝国議会選挙の後、板垣退助が河野広中、高津仲次郎等を率いて北海道の監獄に収監されている自由党関係者を慰問した際のものである。板垣退助、河野広中らは空知集治監を慰問したものの、五十川らのいる樺戸集治監は訪ねなかった。五十川はこのことを「遺憾中ノ遺憾至極ニ御座候」としつつ、故旧である高津、武藤の二人に会って「鬱懐ヲ散ジ」た、と伝えているのである。故旧とは古くから知り合いという意味である。つまり、旧知の友人の高津に再会して鬱懐を散じることが出来たというのである。

保安条例に触れて首都退去処分の経験があるとはいえ、群馬における自由党の活動においても、自由党中央との関連においても高津にはこれといった目立った実績がない。その高津がなぜこの慰問団に加わったのか、一つの謎といってもよい。照山事件で捕らえられた宮部襄、深井卓爾の二人の群馬県人が北海道送りとなっていたが、この二人とのつながりも希薄であったように思う。この疑問は、五十川の書簡によって少し溶けるのではないだろうか。

高津の明治十六年十七年当時の活動の多くは不明である。五十川の書翰はこのころ高津がこれらの人々と交流を持っていたことの証であろう。そして、高津自身がこれら活動に何らかの形で関与していたということである。先に紹介した小泉信太郎の記事の中に次の部分がある。

「群馬県下では宮部襄大将株とし長坂八郎、深井卓司、照山峻三、村上泰次《泰治》、高津仲次郎、宮口二郎の諸君が本部と連絡を取って政府転覆をモットーに自由民権の大衆運動を起こしつつ有った」

政府転覆を目指して本部と連絡を取りつつ活躍した人々の中に高津の名前がある。小泉が「本部と連絡を取って」と記した、この「本部」は自由党本部のことと思われるが、これは加波山グループと置き換えることも出来るように思える。高津は加波山グループをはじめ激化事件関係者と何らかの繋がりを持っていたのではないだろうか。だからこそ、高津は慰問団の一員となり、五十川は「故旧」である高津、武藤の二人に会って、「鬱懐ヲ散ジ」たのである。

## 4. 秩父事件と明巳会

小泉信太郎は昭和三年に寄稿した回顧談『上毛今昔物語』の中で次のようにいっている。

「事件はこれで落着したが、金屋で放火しなかったら軍隊にもやられず、児玉へ出ることができた。児玉へ出れば同志五六名がゐた《いた》のでこれと連絡が取れたので、そうなるとかように簡単には形づかなかった筈だ」

小泉のいう同志とは秩父困民党のそれではなく、小泉たちの同志である。困民党軍が児玉町に進出すれば、この同志たちが軍勢を引きつれて加わったはずだと言っているのである。

小泉の話は昭和十一年の雑誌『人民文庫』の次の記事と一致する。

「で、さっきの秩父事件ですが、こちらにも貧乏党の味方があったです。幸にそれが誓文を焼いちまったから多くの人が嫌疑をうけて拘引されたけれども証拠がなくて返された。…この裏に御大将がありました。これは死にましたけれども傑いのです。…今は子孫がありまして、政府のほうで相当の地位へいっていますし、広言しない方がよいでしょう。その人は私より四つ五つ兄さんで一緒にやったものですけれども、非常に才子で地方で名を売った人です。それ等が秩父の連中が此處《ここ》へ来れば、押し込んでゆくといふやふな《いうような》計をして居った。この辺も騒ぎは大変でした。」（雑誌『人民文庫』が秩父事件について特集した記事、金屋戦争を目撃した人々を集めて話を聞いている）

小泉の証言は、以上のように証明される。児玉町には困民党軍の動きに応じようとした組織があったのである。小泉が言う児玉町の同志五六名とは、ある程度の人数を指図できる地域の指導的立場にある五六名という事である。雑誌『人民文庫』の記事は、困民党軍の進出に呼応して動き出そうとする勢力があったことを、地域住民の側から証言している点で重要である。そして、この談話の中に出てくる御大将とは、地理的に見て、明巳会に関係する人物である可能性が高い。

先に紹介した、高橋基一の紀行文には次のような部分がある。

「同村（児玉郡藤木戸村）吉祥院に演説会を開く、群衆する聴衆無慮《およそ》三百人近村の人最も多かれど遠きは三四里或は嶮路《けんろ》を踰《こ》へて来りし人もありと聞けり…」

これは明巳会幹部、松本庄八が自らが檀家でもある地元吉祥院で演説会を開いた時の模様である。これは明治十四年のものであるから、この時点ですでに多くの明巳会支持者が居たことが推測出来る。「嶮路を踰へて」藤木戸村までくる人がいたとすれば、秩父かそれに近いところとなる。藤木戸村から一里余りの児玉町にも当然明巳会に連なる多くの人々がいたと考えられる。

## 5. 民権学校発陽学舎

### （一）秩父事件と発陽学舎

発陽学舎は、明巳会の幹部である藤木戸村（現児玉郡上里町）の豪農松本庄八が自宅邸内に設立した教育機関である。朝野新聞は次のように学校の設立を伝えている。

「埼玉県賀美郡藤木戸村の松本庄八氏ハ人心の萎微《いび》振ハざるを深く慨嘆《がいたん》し奮って私財を抛《なげう》ち昨春中より発陽学舎を設立し英学教師宇都宮平一氏を招聘《しょうへい》し英籍《えいせき》をも教授されしに生徒の数も追々増殖し随て進歩も著しければ氏ハ其の夙志《しゅくし》貫徹せしを喜バれ更に英漢二学の教師を聘し竟《つい》にハ完全なる一大学校と為すべき目的にて先づ本月十五日を以て開業式を挙行し東京よ

宇都宮平一（『衡山言行録』より転写）

り末広馬場大石其他の学者をも招待せらるる由此上なき美挙にこそ」（『埼玉自由民権運動史料』・明治十七年九月十日・朝野新聞）

この記事からは、発陽学舎が明治十六年春に設立されたこと、英学教師の宇都宮平一が招かれて教育に当たったこと、生徒数も増えて発展していたことなどが分かる。自信を得た松本は、発陽学舎を完全なる一大学校とすべく新たに開業の式典を開こうと計画する。東京から大石正巳、馬場辰猪、末広重恭らを招いて式典をおこなうというのであるから、ここまでの順調な発展ぶりや、また松本の強い決意も読みとれる。発陽学舎ではスペンサーやギゾーの原書も講義され、青年の政治思想普及に大いに貢献したという。（『新町町史』）

宇都宮平一は藤岡町で立憲政体の学習会を開いたり、新町で英語塾の教師を務めるなど、この地域の教育や思想の発展に大いに貢献した。

ところが、この発陽学舎は秩父事件後慌ただしく学校を閉じてしまう。この学校で学んだ高津仲次郎の日記にその頃の動きが次のように記されている。

「明治十七年九月十五日　発揚学舎開業に典を行う。予め此《こ》の日を卜《ぼく》して東都より馬場・大石・末広・中江等の諸氏を聘し、盛会を開かんとせしに、不幸にして夜来風雨甚だしく、午前十時頃に至り、加ふるに暴雨を以てし、樹折れ屋倒るるもの頗る多し是の故に東都よりの一人の来賓なし、然しながら開業の準備己《すで》に成るを以て、僅かに十数名の同志者を会し其典を執行す

十一月二日　発揚学舎助教川田徴（氏は高知県下土佐国土佐郡尾之村の人）帰京

十二月二十日　発揚学舎教師宇都宮平一氏（鹿児島県伊佐郡宮城の人）は帰京の近きにあるを以て、本庄根岸楼に於て離別の宴を開く、会する者二十二名、酒数行、松本庄八氏発揚学舎解散を告げ、併せて米国遊学の旨を陳ぶ

十二月二十九日　宇都宮君帰京

十八年一月一日　松本庄八氏、米国行き別宴を開く、余も亦招きに応じ本庄停車場に於て別れを告ぐ」（『高津仲次郎日記』）

これによれば、発陽学舎開校の祝賀会が開かれたのが九月十五日、松本が発陽学舎の解散を告げたのが十二月二十日のことである。明治十六年の春から始まった発陽学舎であるが、「完全なる一大学校と為すべき目的」で、新たな体制となり、この日開校記念式典を開いたのである。東京から馬場辰猪・大石正巳・末広重恭・中江兆民等が来賓として参列する予定だったという。結局、台風の接近によって彼らは来ることはできなかったが、松本ら発陽学舎の人々の強い意気込みを感じる。そのような松本の思いはなぜ、もろくも崩れてしまったのか。松本が発陽学舎解散を告げたのは祝典の日からわずか三ヶ月余り後のことである。この短い期間中に何があったのか。余程のことがなければ、ごく短期間におけるこの様な変容はあり得ないことである。高津はその原因についてなにも記していない。しかし、なにも記さないことがおかしいのである。日記には次の記述があるのみである。

「十一月二日　発揚学舎助教川田徴（氏は高知県下土佐国土佐郡尾之村の人）帰京　」

記さないというよりも、記せない何かがあった、とも解釈すべきだろう。

十一月二日は秩父困民党軍が大宮郷を占拠した日である。秩父事件のさなか、川田はなぜ東京に帰ったのだろうか。自由党の仲間が率いる困民党軍が吉田村椋神社で挙兵したことをなぜ高津は記録しないのだろうか。同じ明巳会の仲間の小泉はこの挙兵に参加したというのに高津はどこで何をしていたのだろうか。詳細は分からない。しかし、高津をはじめ発陽学舎の人々は秩父の挙兵に応ずる何らかの行動を準備していたということであろうか。川田の東京行は、新町の三俣愛策の不審な電報（論文2参照）にも関係しているように思える。

秩父事件は結局、自由党による事件ではなく、生活に窮した農民たちの事件として処理され、蜂起軍に参加した者以外への追及はなかった。しかし、それは結果論である。政府がこれを自由党による政府転覆事件として処理し、計画に加わったのはだれか、困民軍に加わるべく準備をしていたのはだれか、等を追求すれば、彼らのもとにも捜査の手が及んだはずなのである。秩父事件が困民党軍の敗北に終わった時、この地域の自由党員たちはどれほどの恐怖の中にいただろうか。発陽学舎の解散も、宇都宮の東京行きも、松本の米国遊学も捜査の手を逃れるための行動だったのではないかということは容易に想像できることである。

（二）発陽学舎教師、宇都宮平一

さて、発陽学舎に招かれていた教師の宇都宮平一についてであるが、鹿児島県人の彼がなぜはるばる群馬との県境に近いこの地に招かれたのか。

宇都宮の追悼文集、『衡山言行録』にはその経緯を含め、宇都宮の経歴や人となりが詳細に記されている。略歴をまとめると次の通りである。

安政五年（一八五八）鹿児島県宮之城に生まれる。十九才で鹿児島私学校に参加、翌明治十年二月、西南戦争が起こる。一隊を率いて熊本で戦う。五月に銃弾を受け負傷、二ヶ月の療養の後戦線に復帰した。劣勢となる中で、転戦を続けたが、政府軍に包囲されるところとなり降服した。終戦後間もなく自宅謹慎を解かれ、地元の学校の教師を務めていたが、明治十一年冬、勧められて東京に出る。三菱商業学校・明治義塾に入学し、やがて教師となった。その頃教師として明治義塾にいたのが、大石正巳、馬場辰猪、末広重恭らである。

武州藤木戸村の富豪、松本庄八の依頼を受けた大石の紹介で、発陽学舎招聘が決まったという。明治十八年、中国上海の亜細亜学館の教頭・学生監として中国に赴く、このとき、送金が途絶えたため、私財を売り払って学生の生活を助けたという。中江、大隈らの援助により漸く帰国、第一高等中学校、東京英語学校などで教師を務める。やがて後藤象二郎の主唱する大同団結運動が起こり、宇都宮は請われて選挙に立候補することになる。二十二年郷里鹿児島に帰り、翌年の第一回帝国議会選挙で自由党から出馬し当選した。第二回の選挙では激しい選挙干渉に遭い敗北、以後政治の舞台に立つことはなかった。やがて、結核を煩い、天然痘も併発し

て明治二十九年死去した。三十八才であった。（『衡山言行録』より）

ところで、この追悼文集には河野広中も次の一文を寄せている。

「壬辰の年松方内閣の選挙干渉を試むるや、実に死力を尽くし、特に君が選挙区の如きは暴状至らざる無し、君終に之に敗らる、未だ幾ばくならずして君京に上り二三の政客と某楼に会飲す、余も亦その席に在り、酒酣《たけなわ》にして而笑語湧く、時に余低聲《ていせい》君に謂《いい》て曰く、吾党の初志能《よ》く貫徹するの日ある乎《か》、君が見る所如何と、君慷慨《こうがい》の色を帯び、他の政客を側睨《げい》して曰く、滔々《とうとう》たる者皆な此輩の如し、憲政の前途豈《あに》憂うべきに非ずやと、嗚呼其の言猶ほ余が耳を離れさる也」

（訳文）

「壬辰の年（明治二十五年）に行われた衆議院選挙では、松方内閣による激しい選挙干渉が行われ、特に宇都宮君の選挙区ではその妨害は凄まじいものであった。その結果、宇都宮君はついに選挙に敗北した。間もなくして君は上京し、数名の政友と会飲の機会を持った。私もまた、その席にいた。酒も回り会話も弾んで談笑も起こる中、私は声を潜めて宇都宮君に次のことを尋ねてみた。わが党、結党当初の目的を実現する日は来るだろうか、君はどのように見るかと。

宇都宮君は怒りの気持ちを顕わに、傍らの政客たちを睨むようにして言った。かつて命を懸けて活動していた者たちも今はこの有様である。憲政の実現は難しいだろう。あの時の君の声が今も耳を離れることはない。」

「低聲君に謂て曰く、吾党の初志能く貫徹するの日ある乎」。この文面から見て、二人は初見の間柄とは思えない。かつて、自由党の初志実現のため、協力した事のある間柄だったのだろう。宇都宮と激化グループとの関わりを推測させる部分である。

(三) 発陽学者教師、川田正澂

発陽学舎のもう一人の教師、川田正澂の略歴は次のとおりである。

文久三年(一八六四)土佐国(高知県)土佐郡尾之村の生まれ。十代半ばにして上京し、明治義塾で学ぶ、明治十七年、埼玉県藤木戸村の発陽学舎教員となる。その後、第三高等中学、第一高等中学等の教師をつとめ、明治四十二年(一九〇九)年から昭和七年(一九三二)年まで府立第一中学(現日比谷高校)の校長を務める。イギリス、イートン校の自由な校風に学び、軍国主義化が進む中にあって自主自律の精神に基づく自由な校風を確立し、名門日比谷高校の基礎を築いた。旧制府立高等学校（現東京都立大学）の創立者、初代校長でもある。昭和十四（一九三九）年、十二月九日死去。（享年七十五）

川田が宇都宮と共に発陽学舎に招かれたのは東京の私学校、明治義塾の関係からである。明治義塾には当時馬場辰猪、大石正己、末広重恭らの教師がいて、明巳会の招きで新町へも度々演説に訪れていた。川田が、発陽学舎に来た経緯が川田の自叙伝に紹介されている。

「明治一六年の夏、馬場大石末広の三先生は大臣暗殺の目的を以てダイナマイトを横浜の外国商館に注文したと云ふ嫌疑で牢獄に投ぜられた。同時に明治義塾も種々の事情で経営困難になったので遂に廃校の已むなきに至った。そこで余は宇都宮平一と共に埼玉県本荘《本庄》の富豪松本庄八の家塾に行って英語の先生となった。」

略歴で示した通り、川田は発陽学舎を去った後、紆余曲折を経て教育者としての実績を上げ、明治四十二年から昭和七年まで府立一中（現都立日比谷高校）の校長をつとめた。同校が屈指の進学校として発展した背景は川田によるイギリス流の自由かつ自律的な教育の実践にあるという。また、府立一中校長の在任中に旧制府立高等学校、現在の都立大学を創設した。森鴎外の著『渋江中斎先生』の中にもその名が登場することからも、川田の教育者としての功績をしのぶことができる。

## 6．高山社蚕業学校と秩父事件

高山社は群馬県緑野郡に、養蚕法の普及を目的に設立された教育機関である。秩父事件当時千人を超える会員を有していた。明巳会幹部の多くもこれに所属し、明巳会と同じく秩父事件に関係した人物もいる。これらの点から、高山社の活動についても注意してみなければならない。高山社は明治三年、緑野郡高山村に養蚕改良（新しい養蚕法の開発と普及）の目的を持って組織された高山組に始まる。創始者は地元の有力者高山長五郎である。高山組創設以前、生糸輸出の将来性に着目した長五郎は、各地を訪ね歩き、養蚕法の研究を重ね、その結果確立したのが清温育であった。清温育法の目を見張る成果を知った地元高山村の青年たちの懇請によって高山組が作られ、さらに、その評判が

高山長五郎（『高山長五郎略伝』より転写）

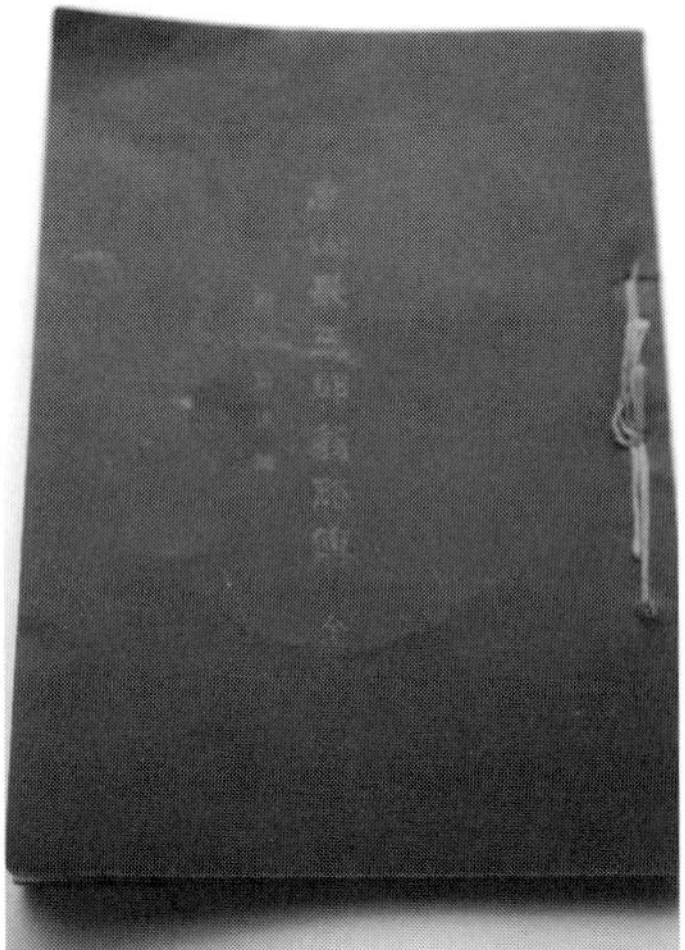

『高山長五郎略伝』（三俣愛策・横尾佐十郎編）

広まるに連れ、教えを請うものが増加したという。明治十七年に緑野郡の郡都である藤岡町に進出し、高山社蚕業学校となった。学生の受け入れ態勢が出来たことによって生徒は増え続け、明治三十四年には社員二万三千人に達し、また伝習所卒業生は五千五百余人を出す迄に発展した。事件当時の社員の中で秩父事件や自由民権に関係した名前を拾い上げると、三俣素平、三俣愛作、高津仲次郎、小泉信太郎らと明巳会に名を連ねる人々が目立つ。それ以外では密偵報告で田代栄助と共に「張本人」と付けられた上日野村の豪族小柏八郎治がいる。一方、事件当時郡の書記を勤めた大戸甚太郎、郡長折茂健吾の本家筋にあたる折茂林太郎などもいる。秩父事件関係の資料を集めた『秩父事件史料集成』には、緑野多胡北甘楽郡役所関連の文書が多く集められ、その中には、大戸甚太郎、折茂健吾名の報告書、あるいは折茂健吾宛ての報告書も多く見られる。

なお、事件後間もなく折茂健吾も高山社の社員となるので、高山社には困民党の側の人物とこれを取り締まった側の人物がいた事になる。

## 7. 民選議院設立の意見書を提出した大戸甚太郎

困民党軍に与した側の人々と、これを取り締まった側の人々が共に学び、協力して社を支えていたと言う点では、この高山社はきわめて不思議な存在である。現在も折茂家に残る文書（折茂家文書）で見る限り、郡長の折茂健吾や郡書記の大戸甚太郎は暴動を取り締まる側で懸命に働いている。たった数日間に作成された膨大な文書は、困民党軍の行動がいかにこの地域に大きな動揺を与え、その対策のために人々を駆り立てたかを物語っている。彼らはその中心にいたのである。これら資料からは一見、彼らと困民党軍の間には相容れないものがあるように感じる。しかし、秩父事件から少し離れてかれらの言動を見たとき、彼らと困民党に加わった人々の間には大きな隔たりはない。彼らもまた、民権派なのである。

藤岡町の富豪であり、郡の書記も勤めていた大戸甚太郎は明治八年、森藤右衛門、河野広中等と共に民選議院設立の意見書を提出した一人である。（雑誌『群馬文化』88号・一九六六年十二月発行）

森藤右衛門は山形県庄内地方の民権活動家である。明治六年に始まるワッパ騒動では、私財をなげうって裁判を勝利に導いている。河野広中は板垣の片腕とも呼ばれた福島の自由党員。

大戸甚太郎（右）
武（竹）井は初代埼玉県議会議長、安城（生）は初代栃木県議会議長である。写真は大戸雅之氏蔵。

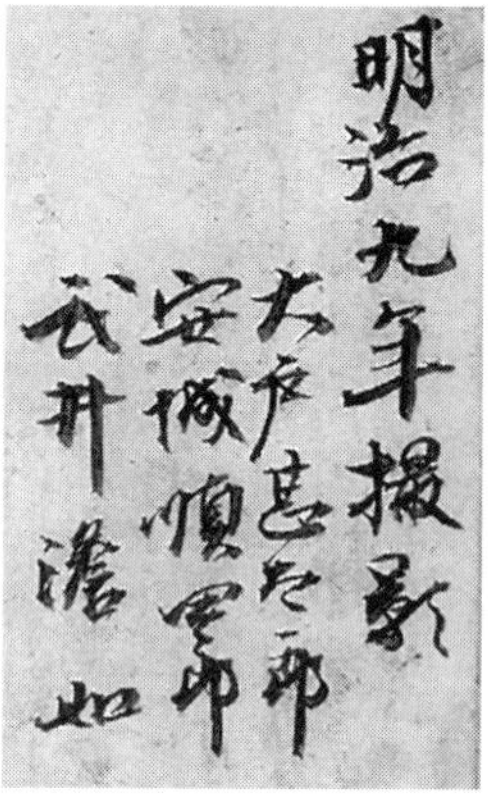


写真裏面
大戸甚太郎（右：38歳）安城（生）順四郎（中）武（竹）井澹如（左）

明治十六年からの一連の激化事件には多大な影響を与えていたといわれる。大戸は明治八年の段階でこれらの人々と交流を持っていたことになる。大戸はまた明治十六年、鹿児島県の宇都宮平一を自宅に招き立憲政体の学習会を開いたほか、明治十九年には海老名弾正の説教を聞いていち早くキリスト教徒となっている。

　幕末の頃、大戸は江戸にも頻繁に行き来し、藤森弘庵、佐々木愚山、大沼枕山、梁川星巖ら当代一流の学者について漢学、詩作などを学んだ。大戸の号の五峰は梁川からもらったものという。また、大戸は剣の道にも秀で、神武一刀流の目代でもあった。三波川村妹ヶ谷の不動尊にある神武一刀流の扁額には、小柏常次郎ら秩父事件参加者の名前と共に大戸の名前を見ることが出来る。

甚太郎の子敏次郎は発陽学舎で学び、後にアメリカに渡り滞米五十年、昭和十六年に最後の交換船で帰国した。明治二十年代初頭、この地域からは小泉信太郎、日向輝武、永井元、中島半三郎ら多くの民権派がアメリカに渡ったが、その多くは保安条例を逃れての渡米であったという。

## 8.「自由自治元年」の盟約

### (一) 三人の盟約者

「自由自治元年」これは、太田義信（山梨県人・出生は水戸）が宇都宮警察署に自首したときに持参したという盟約書の最後に記された文字である。太田義信は十一月十三日、宇都宮警察署において第一回の尋問を受けている。したがって自首したのは当日の十三日かその前日と思われる。

「我ラ革命ノ軍ヲ甲武野常ノ間ニ挙ケ以テ自由ノ公敵タル専制政府ヲ転覆シ而テ完全ナル自

由政府ヲ造立シ以テ国家ノ幸福ヲ招カント欲シテ我々斯ク大義ヲ天ニ任セテ而テ同盟ス爾云
西郷旭道
自由自治元年月日
富松正安
太田次郎　」（3．1249）

盟約書は上記のように結ばれており、秩父事件の性格を知る上できわめて重要である。しかし、太田義信（次郎）がどのような働きをしたのか、資料はただ本人の自首書と尋問調書のみで、太田の活躍を知る客観的手がかりが他にないため、この資料の評価は難しい。多くの秩父事件参加者の膨大な尋問調書、秩父事件関係の警察記録、役場記録等の中に、この三人の名前は一切見いだせないのである。加波山事件の首謀者として知られている富松正安を除けば他の二人は、その素性が全く不明でその実在さえもが疑わしいとされてきた。太田については現に宇都宮警察署に自首しているので実在の人物であることは疑うべくもないのだが、調書にある出生や居所などやはり疑問とされている。そして、西郷旭道という人物については今なお全く謎なのである。

（二）西郷旭道は誰か

これまで見てきたように秩父事件の周囲には、これを支援あるいは、これに応じようとした多くの人々がいた。別論で示した小泉信太郎も昭和三年の上毛新聞に自らの体験を語らなければ事件とのかかわりは一切知られることはなかった。太田義信もそうした一人の可能性がある。

盟約書の三人の中でまったく素性が不明で、実在した人物かどうかさえも分からないのは西郷旭道一人である。この西郷に関し、太田は次のように供述している。

「問　汝カ宇都宮警察署へ自首セシ凶徒嘯集事件ハ果シテ事実ナリヤ
答　同署へ対シ書面ヲ以テ自首セシ如ク事実相違無之候
問　現政府ヲ転覆スルノ謀議ヲナシタルハ汝ト西郷旭堂富松正安ノ三名ナリヤ
答　其三名ニテ他ニ共謀者ナシ
問　富松正安ハ何処ノ者ナルヤ
答　自分ハ未タ一面識ナキ人故族籍等ハ承知致サス
問　西郷旭堂ハ何レノ人ナリヤ
答　鹿児島県ノ士族ト承知セリ然レドモ郷貫ハ存セス

問　太田次郎ハ何レノ人ナリヤ

答　自分幼名ヲ次郎ト称セシ故自分ノ氏名ヲ太田次郎ト唱エタリ

（途中略）

問　西郷ト協議ヲナシタル事理ヲ陳述スベシ

答　西郷曰ク秩父郡ニ於テ既ニ博徒及ビ貧民千余人ヲ嘯集シタルヲ以テ之レニテ兵ヲ挙クル積リナナリト　」（3．1250）

太田はこのように、西郷は鹿児島県人であろうといい、西郷が秩父蜂起の近くにいて積極に行動している様子を語っている。なお、西郷については盟約書には「旭道」とあり、尋問調書では「旭堂」とある。どちらが正しいかは不明である。

この供述通り鹿児島県人が秩父事件の近くにいたとするならば、唯一該当するのは宇都宮平一である。宇都宮は秩父郡の隣、埼玉県藤木戸村の発陽学舎で立憲政体を講義し、英語を教授するなどして、この地に民権思想を広めていた。若くして西南戦争に参加した宇都宮は西郷隆盛を敬慕し、上京の後は西南戦争で入獄中のかつての同志を見舞ったという。彼のいた「発陽学舎」の名前と「旭道」「旭堂」が似ているのも気になる。「旭」とは「昇ったばかりの太陽」を意味する。

明巳会は先に紹介したとおり秩父事件参加者をだし、また、三俣七郎衛のように不可解な動きを見せた人物もいる。また、明巳会の中心人物高津仲次郎は加波山グループの五十川元吉と交流を持っていたことが証明されている。宇都宮が西郷と名乗って会議に参加していた可能性は高い。

## (三) 盟約は実在したのか

小泉信太郎は上毛今昔物語の中で高津仲次郎の行動に関して次のように述べている。

「自由党に対する政府の圧迫というものは言語に絶していたが、それだけ自由党の活躍は目ざましいものであった、十七年九月二十一日新潟に於ける演説会で首領板垣退助が警官侮辱罪で投獄された事を以てしてもその辺の消息を知ることができるがこれより先群馬県下では宮部襄大将株とし長坂八郎、深井卓司、照山峻三、村上泰次、高津仲次郎、宮口二郎の諸君が本部と連絡を取って政府転覆をモットーに自由民権の大衆運動を起こしつつあった。

これらの運動の陰に政府の密偵の介在していたことは昔も今も変わりない、したがって以上の運動は勿論秘密の内に計画されつつあった」

ここには、高津等が秘密裏に本部と連絡を取りつつ政府転覆の運動を展開していると書かれている。高津の師でもある宇都宮が加波山グループの人間と接触し盟約を交わしたことは十分考えられる事である。

さて、太田は、盟約の日時・場所についても次のように供述している。

「問　西郷旭堂富松正安ト暴挙ノ盟ヲナシタル年月日及ヒ場所

答　本年八月二日神奈川県下南多摩郡八王子駅角屋ト申ス旅店ナリ此時富松正安ハ居ラサルナリ

問　富松カ其場ニ居ラスシテ奥書へ血判アルハ如何

答　西郷旭堂ノ申スニ富松トハ既ニ盟約済ノ旨ヲ以テ同人ト血判アル盟書ヲ余ニ示シタリ」

これに関係あると思われる資料が加波山事件の側にもある。『加波山事件』（野島幾太郎・平凡社）の次の部分である。

「八月初旬、東京の有一館に、仮に籠裏《ろうり》に悲鳴せる痴鶏《ちけい》を装いし小林篤太郎、五十川元吉、平尾八十吉の三氏は、一日忽然《こつぜん》として秋旻《しゅうびん》に翺翔《こうしょう》する雄鶴となれり。知らずその飛び行く処はたしていずこ。その翌日武州八王子の郊にこの雄鶴三羽の影を見る。（途中略）その首魁某に面じ、且つ談じ、且つ試む。あに図らんや、これらの徒みなこれ理事を解せず、主義を持せず、無気力・無志操、ともに事を談ずるに足らざらんとは。ここに到って三氏興醒め、労空し。勃々《ぼつぼつ》たる不平の念をおさえて帰京の途につく。」

加波山グループは八王子近辺の人民の活動に注目し、この勢力と接触を試みたというのである。期日は「八月初旬」、場所は八王子郊外。

ここでは主義も思想もない人々に失望し、労空しく引き上げたと記述されており、この点から見れば、盟約を結んだとする太田の供述とは、全く矛盾しているが、果してどうか。このことについては後述するとして、問題は期日と場所の見事なまでの一致をどう解釈するかである。「八月初旬」と「八月二日」、「八王子の郊」と「八王子駅角屋ト申ス旅店」、この一致点をどう見るべきなのだろうか。

太田義信の名前は、田代が供述したとされる困民党役割表の中にもなく、また、宇都宮警察署に出頭して語った関係書類を除けば、膨大な秩父事件関係資料の中にもない。したがって、太田が持参したという盟約書の「自由自治元年」も、太田の勝手な創作であり、秩父事件とは全く無関係のものと見られてきた。それはまた、田代栄助が言うところの「困民党の四目標」と政府転覆を目指す加波山グループの間にあまりにも違いがあるという理由からでもあった。

しかし、論文１でも述べた通り秩父事件は明確に「自由党の事件」であり、国会開設、立憲政治の確立、政府転覆などを目指した事件である。これらの点に於て加波山グループと秩父事件首脳陣の違いはない。また、秩父事件のすぐ近くに鹿児島県人の宇都宮もいる。宇都宮の生徒であり同志でもある高津仲次郎は加波山グループの五十川の知人である。また、宇都宮の教えを受けた小泉は秩父事件に参加している。これらの点から考えて西郷、富松、太田の三者による「政府ヲ転覆スルノ謀議」は実際に行われ、三人による盟約は実際にあった、と考えるべきである。盟約書の「自由自治元年」も太田一人による勝手な創作ではなく、彼らが実際に話し合ってそこに記した可能性が高いのである。

さて、『加波山事件』の次の記述についてである。「あに図らんや、これらの徒みなこれ理事を解せず、主義を持せず、無気力・無志操、ともに事を談ずるに足らざらんとは」とあるが、もしも本当に加波山グループの小林、五十川らが、秩父事件関係者に接触し、本心を語り合っていたとすれば、これはあり得ないことである。彼らは秩父とは別の農民組織の人々と接触していたのであろうか。小林、五十川らの会議と、太田、西郷らの会議が全く別に行われた可能性も否定できない。しかし、「八月初旬」と「八月二日」と言えば、それぞれの組織が密かに大事を計画していたその最中であり、おそらくはお互いに警戒心を以て接触していたとも想像できる。互いに本心を語らぬまま会議を閉じたのかもしれない。ここでは田代が自らの供述によって悉く事件の本質を欺き通したのと同じ表現を感じる。したがって、この矛盾から、加波山グループと秩父困民党幹部の接触を否定するのは誤りであると考える。田代や小柏常次郎の供述が官側ばかりか、後世の歴史研究者までだまし続けているように、『加波山事件』のこの部分の記述は、官側を欺くためのものが誤って事実として記載された可能性もある。新たな視点から両資料を検討してみる必要があるように思う。

次の二つの資料、加波山事件檄文と太田ら三人による盟約書の細部にわたる一致点は、これらのもとになった文章が広く民権派の間に広まっていたことを疑わせる。また、この内容を支持する人々が広範に存在したことも想像させる。これまで、加波山事件と秩父事件は一部共通点があっても、ほとんど異種の事件であるとされてきたように思う。ともに自由党事件であり、政府転覆を策した事件であり、最も時期の近い激化事件であり、何よりも自由党の解党日を挟みこれにかかわりがあると思われる事件である。両事件とも、新たな視点から研究し直すべき事件なのである。

次に紹介する二つの資料は、それぞれの事件を象徴するものの一つである。両事件を研究する上で重要な資料と考えられる。

【加波山決起の檄文】

「抑《そもそも》モ建国ノ要ハ衆庶《しゅうしょ》平等ノ理ヲ明ニシ各《おのおの》天与ノ福利ヲ均シク享《う》クルニアリ而シテ政府ヲ置ク趣旨《しゅし》ハ人民天賦ノ自由ト幸福トヲ扞護《かんご》スルニアリテ決（シテ・欠か）苛法《かほう》ヲ設ケ圧逆《あつぎゃく》ヲ施ス可《べ》キニ非《あら》サル也然リ而《しこう》シテ今日我国ノ形勢ヲ観察スルニ外ハ条約未タ改メス内ハ国会未タ開ケス為ニ姦臣政柄《かんしんせいへい》ヲ弄《ろう》シ上聖天子《せいてんし》ヲ蔑如《べつじょ》シ下人民ニ対シ収剣《しゅうけん》時ナク餓孚《がひょう》（莩）道ニ横タハルモ之レヲ撿《けん》スルヲ知ラス其惨状 苟《いやしくも》モ志士仁人タルモノ豈《あに》之レヲ黙視スルニ忍ヒンヤ夫レ大廈《たいか》ノ傾ケルハ一木ノ能《よ》ク支フル所ニ非スト雖《いえど》トモ奈何《いかんぞ》ソ坐シテ其倒ルルヲ視ルニ忍ンヤ我々茲《ここ》ニ革命ノ軍ヲ茨城県真壁郡加波山上ニ挙ケテ以テ自由ノ公敵タル専制政府ヲ顚覆《てんぷく》シ而シテ完全ナル自由立憲政体ヲ造出セント欲ス嗚呼《ああ》我三千七百万ノ同胞ヨ我党ト志ヲ同《おなじう》フセハ倶《とも》ニ大義ニ応スルハ豈《あに》正ニ志士仁人ノ本文ニアランヤ茲《ここ》ニ檄《げき》ヲ飛《とば》シテ天下兄弟ニ告グト云爾《いうのみ》」

（『茨城県史料』）

（訳文）

そもそも建国の要は、人民は皆平等であるという道理を明らかにして、国民それぞれが天から与えられた福利を同じように享受できるようにすることである。政府を設ける趣旨は人民が天から与えられた自由と幸福を守ることであって決して厳しい法律を作って人民を抑圧することではない。今日の我が国の情勢を観察すると条約はいまだに改められず、国会はいまだ開かれていない。その為に悪逆な政府役人たちが政治を勝手に動かし、上は天皇陛下を軽んじ、下は人民から税を厳しく取り立てている。どれほど多くの人々が生きる術をなくして倒れているだろうか。志と道義を持つ人間ならばどうしてこの惨状を黙視していられようか。今にも倒れようとしている楼閣をたった一本の棒で支えることなど不可能である。しかし、だからといって、どうして倒れていく様を何もせず見ていることができようか。我々は革命の軍を茨城県真壁郡加波山に挙げ、自由の敵である専制政府を転覆して完全なる立憲政体を作ろうと考える。三千七百万人の国民同胞の皆さん、義挙に応ずることは志あり道義をわきまえるものの務めではないのか。ここに檄文を発して国民の皆さんがこの挙に応じてくれることを期待する。

【西郷旭堂富松正安太田次郎盟約書】

「抑《そもそも》建国ノ要ハ衆庶《しゅうしょ》平等ノ理ヲ明カニシ各天与《てんよ》ノ幸福ヲ均シク享《う》クルニ在リ而テ政府ヲ置クノ主旨《しゅし》アルヤ人民天賦ノ自由ト幸福トヲ扞護《かんご》スルニ在リ決シテ苛法《かほう》ヲ設ケテ圧逆ヲ施スヘキニ非《あら》サル也然リ而テ今我国ノ景勢《けいせい》ヲ観察スレハ外《そと》ハ条約未タ改マラス内ハ国会未《いま》タ開《ひら》ケス為ニ姦臣政柄《かんしんせいへい》ヲ弄《ろう》シ上聖天子《せいてんし》ヲ蔑如《べつじょ》シ下人民ニ対シ収剣時ナシ餓莩《がひょう》道ニ横《よこたわ》レルモ之レヲ撿《けん》ス

ルヲ知ラス其惨状苟《いやしく》モ志士仁人タル者豈《あに》之ヲ黙視スルニ忍ンヤ夫レ大厦《たいか》ノ傾ケルハ一木ノ能ク支フル所ニ非《あら》スサレトモ奈何《いかん》ソ座シテ其倒ルルヲ視ルニ忍ヒンヤ故ニ我等革命ノ軍ヲ甲武野常ノ間ニ挙ケ以《もっ》テ自由ノ公敵タル専制政府ヲ顚覆《てんぷく》シ而テ完全ナル自由政府ヲ造立シ以テ国家ノ幸福ヲ招カント欲シテ我々斯《こ》ノ大義ヲ天ニ任《まか》セテ而テ同盟ス爾云《いうのみ》

自由自治元年月日

西郷旭道

富松正安

太田次郎」(3．1249)

# 論文8

## 首魁 小柏八郎治と影の巨魁 折茂健吾

### ――世界遺産高山社と事件に参加した高山社の人々――

藤岡・秩父自由党事件の真の総理は田代栄助ではない。田代が死してなお守ろうとした真の総理は誰なのか。資料を分析し、その人物を明らかにする。また、その人物がなぜ捜査線上に表れなかったのか、この謎を読み解くとともに行政の側にいたもう一人の中心人物、いわば影の総理も明らかにする。

## 1. 首魁　小柏八郎治

次の資料は埼玉県警部の鎌田忠太の出張経歴書の一部である。出張経歴書とは、事件に際し、出動したその活動内容を具体的に記録した報告書である。

「是ヨリ先キ途中ヨリ同伴セシ泉田ヲ一同ノ面前ニ出シ事情承リ候処同人カ報告セシ文意ノ通リ予テ探知セシ如ク田代栄助等巨魁トナリ秩父郡中ヨリ大勢ヲ二手ニ分ケ各進テ川越町ニ集リ合シテ埼玉県庁ニ迫リ強願セントス又是ト同時ニ上州南北甘楽ノ各村モ兼テ気脈ヲ通シ居リ同郡内ニテハ小柏八郎（上州多胡郡上日野村小柏常吉ニ当ルヘシ）ナル者大勢ヲ率ヒ岩鼻ノ監獄ヲ破リ四五百人ノ囚徒ヲ救ヒ出シ之レト一緒ニナリ高崎宿ニ乱入夫《それ》ヨリ前橋町ニ至リ群馬県庁ニ強願セントスル策ナル趣ニ相聞候テ仍《よって》泉田ハ此后《このの ち》一層注意シテ密告スヘキ様依頼シテ帰ス時已ニ廿八日午前四時過ナリキ」（4．993 鎌田忠太出張経歴書　明治十七年十二月十七日埼玉県令吉田清英殿）

明治十七年十月二十七日夜、小鹿野町の寿屋に集まったのは急ぎ埼玉県警本部から駆け付けた鎌田警部の外、秩父大宮警察署長の斎藤警部、本野上分署長の雨宮警部補、小鹿野分署長の

小柏家墓地（藤岡市上日野小柏）

太田警部補ら五人。凡そ秩父地方の警察トップが集合したことになる。それぞれが集めた情報は、近日中に何か大変な事態が生ずるというもの、一致した意見であった。そのような緊迫した中で、泉田堺美《かたみ》からもたらされたのがこの情報であった。泉田は現地神社の神官泉田蔀《しとみ》の子である。当時警察の密偵として働いていた。

泉田の密告内容の要点は大きく分けて二つ。一つは田代栄助が総理となって決起し、川越方面に軍を進め、さらに埼玉県庁を目指すというもの。もう一つは、秩父の決起に先立ち、群馬では南北甘楽郡で小柏八郎なる人物が軍を率いて岩鼻監獄を襲撃し、囚徒を引き入れて高崎に乱入し、さらに群馬県庁を目指すというものである。泉田が報告を終え、ここを出たのが午前四時であったというから、長時間にわたる緊迫した中での聞取りが想像できる。

しかし､彼らはここで重大な間違いを犯してしまうことになる。出張経歴書の次の部分である。

「同郡内ニテハ小柏八郎（上州多胡郡上日野村小柏常吉ニ当ルヘシ）ナル者大勢ヲ率ヒ岩鼻ノ監獄ヲ破リ」

彼らは小柏八郎を小柏常吉ではないかと判断しているのである。小柏常吉とは秩父事件における群馬側の中心人物、小柏常次郎のことである。困民党の組織段階では早くから秩父に入り活躍した。田代が逮捕後に供述した困民党軍役割表の中では、小荷駄方という目立たない位置に役づけられているが、蜂起後の実際は終始田代の傍らにいて、参謀的な役割を務めた人物である。彼らは小柏八郎治をこの小柏常次郎と見誤ったのである。

鎌田が明治三十一年に秩父事件をまとめた記録書の『秩父暴動始末』には次のように書かれている。

「十月十七日埊美田代栄助宅へ往キ自由党へ加盟ヲ請ヒ他ニ同盟者アルヲ告ク栄助曰ク一時故アリテ解散セシメタリ而テ金策ノ方法ヲ立貧民党ヘ檄文ヲ発スルノ計画ナリト云十月廿一日栄助埊美ノ宅ヘ来リ告テ曰ク貧民党ハ来ルニ十六日小魁タル者集会シ廿八日一般ニ嘯集スルノ

目的ナリ…群馬県南北甘楽郡ト気脈ヲ通シ彼党我ニ先チ発シテ岩鼻監獄ヲ破リ而シテ囚徒ヲ同盟セシメ岩鼻火薬庫ヲ破リ弾薬ヲ奪掠シテ暴発スルノ軍略ト云然ル後ハ東京ヨリ憲兵隊或ハ兵隊ノ来ルアルハ必然タリ其留守ノ空虚ヲ窺ヒ東京ヘ更ニ暴発スルト云」（秩父暴動始末三　４．３５１）」

以上のように『秩父暴動始末』からは出張経歴の「同郡内ニテハ小柏八郎（上州多胡郡上日野村小柏常吉ニ当ルヘシ）ナル」の部分が抜け落ちているのである。『秩父暴動始末』の記述はその詳細な内容から、この日の会議が鎌田にとってまた、秩父事件全体に於て非常に重要なものであったことを示している。その詳細な記録書ともいうべき同書から「小柏八郎」の名前が消えているということは、彼らがその判断を完全に誤っていたことを示している。小柏八郎と小柏常次郎は全くの別人なのである。小柏八郎は正しくは小柏八郎治と言う。もっと正確に言うと八郎治は襲名であり、小柏八郎治重明が正しい。常次郎も八郎治も上日野村の住人と言う点では同じだが、八郎治は常次郎の住む箕輪耕地よりもずっと奥の小柏耕地の人である。寿屋での密会において、泉田は田代から聞いたこととしてこれを話している。田代が盟友常次郎の名前を間違って語ることはありえないから、田代は自らの口で八郎治の名を語り、泉田に伝えたのである。鎌田のこのわずかだが、大きな誤りが真の主謀者を取り逃がし、秩父事件を小さな小さな事件として終わらせることになる。

昭和二年に編纂された『群馬県多野郡史』に小柏八郎治の先祖の一人、小柏源六についての記載がある。これによって小柏家の凡そが理解できる。次の通りである。

「源六は甘楽郡小柏村（今多野郡日野村小柏）に生まれた。小柏家は小松内府重盛の嫡子三位維盛の一子太郎維基を始祖として、此の地の豪士となり鎌倉北条氏に属し、後平井上杉に従ひ、又甲州武田に帰した。江戸時代には土地の名主をして現在に至った。維基から十八世定重に至った。定重は左馬之助六郎右衛門高政の嫡子で、即ち庄司源六と称した。父子共に武田の武将で、諸所の合戦に武功を顕したが、天正三年遂に長篠で戦死した。……（中略）……それよりも前小幡信貞の女中菊女蛇責の事によって世に知られて居る。此の二事は同家系図に次の如く記されてある。」

甘楽郡小柏村とあるが、これは多胡郡上日野村小柏のことで、小柏地域はその位置関係から北甘楽郡に属すとする資料もあり、時代により北甘楽郡になったり多胡郡になったりした。現在は群馬県藤岡市上日野であり、小柏は小字名となっている。北甘楽郡の中心は富岡、多胡郡の中心は吉井（現高崎市吉井）、藤岡は緑野郡（緑埜郡と書く場合もある）の中心であった。その後明治二十九年の改正により、多胡郡、緑野郡、南甘楽郡（現在の神流町、上野村等の神流川上流地域）の三郡が合併し多野郡になった。なお、資料中のかっこ内の説明「今多野郡日野村小柏」はこの本が編纂された昭和二年当時の行政区分によるもので、編纂時の解説である。

広く名が知られているとか、有力であるという点からいえば小柏家は群馬県南西部の筆頭に位置するであろう。小松内府重盛とは平重盛の事で、維盛は平維盛、維基は維盛が武蔵国府に赴任中の子だという。小柏という姓は追及の手から逃れるため、小松の松を柏に変えて小柏にしたものと言う。小柏家の家紋は平家の家紋、揚羽蝶である（「丸の内釘抜き」「丸の内三柏葉」なども使われている）。平井上杉とは、関東管領上杉氏の事で、足利学校を中興した上杉憲実が平井（現藤岡市西平井）の地に城を構えたことに始まる。戦国時代に続くおよそ百年の間、平井は管領府として関東一の人口を誇ったが、最後の城主憲政が長尾景虎（後の上杉謙信）を頼って越後に避難したことで平井の歴史は終わる。その後、日野を含む上州の南西部は武田の支配する所となるのである。「女中菊女蛇責の事」とはお菊伝説の事である。『群馬県多野郡史』はこの伝説についても記載している。

要約すると次の通りである。

「小幡信貞の侍女にお菊と言うものがいた。ある時、お膳の中に針を落としてしまい、許しがたい重罪であるとして、桶の中に蛇を百匹入れ、その中に閉じ込められるという責め苦をうけた。そこをたまたま通りかかったのが小柏源六であった。女の泣き叫ぶ声が聞こえる。見れば桶から首だけ出した女が池に浮いているではないか。急ぎ引き寄せ助けたが、菊はこのご恩は忘れません。この後小柏家の人々に対して一切蛇の害はないでしょう、と言って息を引き取った。蛇たちもおなじく、ご安心ください、助けられたご恩は忘れません、といって死んだ。小柏家では毒蛇を誤って踏んだ時でもかまれることはないという。源六の子孫は今も繁栄している」

お菊伝説は西毛（西上州の事）の各地に伝わる、微妙に違いはあるが凡その筋書きは一致している。明治初期、小柏家所有の山林面積は三千町歩とも、見渡す限りの山林が小柏家所有であったとも、自分の土地だけ通って信州に行けたともいわれている。『群馬県多野郡史』は「源六の子孫は今も繁栄している」と結んでいるが、現在小柏の地に子孫はいない。所有していたすべての山林を手放し、故郷を離れたのである。戦後間もなくのことである。鎌倉時代以来、八百年続いた名家が明治維新後百年も経たずにほとんどの資産を失った。事業の失敗もあったようであるが、なぜ危うい事業に手を出さなければならなかったのか、そこを考えなければならない。地租改正をはじめとする明治政府の諸改革そして養蚕不況、これらが小柏家に過酷な波となって押寄せていたであろうことは容易に想像できる。困民党の蜂起に夢を描いた気持ちも理解できるのである。

秩父郡下吉田村の神主、田中千弥はその日記に次のように記録した。

「上毛日野谷小柏八郎と云者は頗る大豪にて門閥家なり。当主小柏八郎は旧自由党の者なりしが其の旧家抱と唱へし者など暴徒中に見えたりと云へり」（『田中千弥日記』Ｐ38・発行所・吉田町教育委員会）

田中千弥が日記にこのように残したということは、秩父方面でも知られる人物だったということである。家抱とは戦国時代の主従関係を維持しながら土着した者を言う。地域により、時代により多少意味合いは異なるが、主家に従う一方、主家はしっかりと生活を見るという関係の人たちである。秩父事件当時、小柏耕地の人々と小柏家はそんな関係を維持していたのだろう。

## 2.「小柏さま」と困民党軍菊池隊

私が秩父事件の取材を始めてまだ間もない平成の初め頃、小柏家の様子を実際に見たという人々が健在だった。梁には鎧が並んでいて、槍は束になっておかれていた。小柏家の人々は地域の人を呼び捨てで読んでいたが、新井寅吉にだけは「さん」をつけていた。新井寅吉とは、菊池貫平率いる一隊に加わり、菊池の片腕の様に活躍した困民党軍幹部の新井寅吉の事である。昭和の初めころまで、村に新任の駐在が来ると小柏家にあいさつに来るのが習わしだったそうである。地域の人たちが思い出話の中で小柏家の話をする時、いまでも「小柏さま」と呼ぶ。また、私事で恐縮だが、自分が秩父事件に興味を持ち始めたころ、昭和の終わりころの事である、秩父困民党の幹部に小柏常次郎と言う人物がいたことを知った。「群馬県の小柏」と聞いた時、「あの小柏家の人物か」、と直感的に思った。西上州に住み、多少歴史に興味のある者ならそれが自然なのである。おそらく当時の秩父の人々も同じではなかったか。「小柏」を名乗る者が自由党を勧めれば、「小柏さま」も自由党員なのかと思う。「小柏」の付く者が決起を促せばそれが「小柏さま」の意図かと思う。小柏常次郎が秩父に送り込まれた背景はそんなところにあったのではないだろうか。明治十七年の一月二月頃、上下日野村だけでなく北甘楽や多胡郡の諸村、緑野郡の一部地域などで常次郎は活発に村民への自由党入党を勧め、党員を獲得している。この地域でのこのような活動は「小柏さま」の強力な後ろ盾がなければ成し得ないことである。金屋の戦いで腹部に銃弾を受け収容先で亡くなった太田政五郎、信州東馬流で銃弾に倒れた山田鉄五郎、この二人も上日野村小柏の人である。二人の家は、小柏耕地の小柏屋敷直下にある。菊池貫平率いる一隊に加わり本部を形成した新井寅吉、貞吉親子も、抜刀隊を率いて活躍した小沢弥五郎も小柏の人である。彼らがなぜ困民党軍が壊滅する最後まで戦い抜いたのか、当然彼ら自身の強い意志にもよるが、この背後に「小柏さま」の存在が推察できる。そして、そのことは、「小柏さま」は最後の最後まであきらめなかったということを意味する。もしも、菊池貫平に率いられた困民党軍が秩父困民党軍の敗残部隊で、その行動が単なる逃避行ならば、彼らが信州まで付き合うことはありえない。「小柏さま」の番頭的存在でもあった新井寅吉が菊池貫平の傍らにいるということは、「小柏さま」の意思がそこに働いていたということである。

## 3．世界遺産「高山社」

平成二十六年、史跡高山社跡が『富岡製糸場と絹産業遺産群』の構成資産として世界遺産に登録された。日本の養蚕業を支え、日本の絹産業の発展に貢献したことが認められたのである。地元の人は世界で最も質素な世界遺産ではないかと自嘲気味に話す。それもそうである、世界遺産になる少し前まで老夫婦がここで生活していたのである。平成十年代、秩父事件の調査でここを訪ねたとき、居間に招いていただき、堀炬燵に当りながら話をしたことが懐かしく思い出される。

確かに、雄大とか壮麗といった観点から見れば他に比べようもない。しかし、この一軒の農家が世界の服飾文化を一変させたとなれば話は全く違う。見学者は一見質素にも見えるこの建物に秘められた壮大な歴史に気づかなければならない。この世界的な歴史ロマンこそが世界遺産と言ってもよい。時は幕末から明治、この家の主、高山長五郎が失敗を繰り返しながらようやくたどり着いたのが『清温育』という養蚕法であった。蚕は当ればもうかるが失敗も多い。一般農民が養蚕に踏み込めない理由がそこにあった。しかし、幕末から明治の激動期、農家は疲弊する一方であった。鎌倉時代の軍記物『源平盛衰記』にも登場する名家でしかも代々名主を務めてきた豪農高山家にとって、自家のみを考えるのであれば何もしなくても暮らしは成り

高山社蚕業学校絵葉書

立っていたであろう。しかし、他の豪農たちがそうであったように、自村の農民の苦しみを見ながら何もしないということは到底自身の倫理観が許さなかった。新たに開かれた横浜貿易も視野に入れながら、私財をなげうって養蚕の研究をつづけたのはそのためである。『清温育』とは、蚕室内の温度や湿度を管理しながら蚕を育てる方法で、蚕室の構造に特色がある。屋根の上に櫓と呼ばれる天窓があり、ここを開けたり閉めたりしながら温度や湿度を管理するのであるが、それだけではない。室内に大きな火鉢を置き、時にはここで火を焚いて室内を温め、さらにこれで温めた空気を天窓から逃がすことによって外から新鮮な空気を取り入れ、湿度の管理も行えるという仕組みである。

富岡製糸場に始まった本格的な器械製糸はやがて日本各地に広がっていくが、この製糸業を支えたのが高山社であった。失敗のない養蚕は、計画的な繭の供給を可能にした。製糸工場の求めに応じいくらでもその原料としての繭を供給できる体制を作り上げたのである。こうして、良質で安価な日本の生糸が世界に輸出された。かつて一部特権階級のものでしかなかった絹が一般市民にもなんとか手に届くものになったのである。なお、高山社の名前は自らの名前ではなく、高山村の名前からとったものである。長五郎の努力を最初に支えたのは地元高山村の若者たちであった。そして、評判は周辺緒村の豪農層を動かし、さらに全国へと広がっていく。明治十七年には養蚕改良高山社となり、教育機関として体制が整う。全国各地から生徒が集まるようになるのはこのころからである。明治二十年には藤岡町に進出し本格的な蚕業学校として飛躍的に発展していく。全国から集まった生徒たちは自らのためというよりも故郷の為に学んだ。彼らは故郷の村で選抜された優秀な若者たちであった。村では優秀な若者を選抜して高山社に派遣し、学んで帰った後は彼らが村人に教えるという仕組みである。こうして高山社の「清温育」が全国に広まってゆくのである。授業は実際に蚕を飼育しながら行われるため、多くの分教場が置かれ生徒はそれぞれの施設で学んだ。最盛期には社員数四万人、遠く清国や朝鮮からの留学生も学んだのである。

## 4．秩父事件に参加した高山社の人々

本書で、これまでに取り上げた秩父事件関係者の中に幹部社員として高山社を支えた人たちがいる。次の三人である。新町駅から電報を発信した三俣七郎衛（本書Ｐ１３６ページ参照）、上毛新聞の特集記事に自らの体験談を寄せた小泉信太郎、そして秩父事件の首謀者小柏八郎治である。

（三俣愛策）

三俣七郎衛は三俣七郎衛門愛策といい、三俣家は代々中山道新町駅で旅館を営んだ。三階建ての大きな建物は「三階三俣」と呼ばれ、中山道筋では屈指の旅館だった。この三俣愛策について『新町町史』は次のように記している。

「愛策は、書を好み時事をかんずる所あり、当時在□の天然育をなげうって、親戚なる高山長五郎の起した高山社の飼育法、すなわち清温育法の改良に熱心に研究した。一方、上州社なる一社を設け時弊を痛論せる新聞紙を発刊し、郷党人智の開発に努めたが、政界は汚濁済うべくもなき状態なので、遂に愛策は憤慨の余り、政界を去って、意を蚕業に傾注し、高山社派遣

として全国各地に出張し、また監査員として高山社の運営に参与し、同社同窓会の会報の主筆として十有余年休む日はなかった。明治三十四年高山社蚕業学校教授となり、ほか清・韓の国々の蚕糸調査のため渡航し、国内は北海道、九州に至るまで指導し、その名は天下に普ねく、高山社の養蚕便覧、養蚕概要の二書を著し　説と実地の和合を明らかにし、高山社の元老として、有数の人物と称せられた。

大正十三年七月八日病て没す享年六十七歳、浄土院宝誉光雲愛樹居士とす、墓は新町淨泉寺中にある。

群馬養蚕業史、高山社史、三俣清子談　」(『新町町史』)

**(小泉信太郎)**

小泉の母親は高山社二代目社長町田菊次郎の姉である。小泉家に残る記録では次の通りである。「明治二十年に渡米したが、アダム・スミスの「国富論」などを読み、外国に学ぶ必要を悟ったからと言う。ボーイとして働き後には建具商となり、机・椅子など室内装飾品を扱い後には自作もした。サクラメントの婦人会では養蚕を教えようとしたこともあった。現地では日本人会を組織し、日清戦争の時には募金活動も行ったという。

小泉信太郎・たね夫妻＜『Recollections』（Kuroyanagi Photo Studio）より転写＞

二十九年に帰国した後は、高山社の発展に貢献するとともに、社会運動、労働運動にも力を尽くした。大正末から昭和にかけて、多野藤岡地方で労働争議が激化するが、常に労働者の側に立ってその解決に努めた。母はんは上州キリスト協会の三女傑に数えられた人で、信太郎もその影響で早くから入信した。「婦人も人なり」、「自由の尊厳」を信念とし、妻たねさんとの結婚式のときには「家庭の仕事をした後には社会運動をやれ」と言ったとのことである。たねさんは明治女学校の出身で矯風会の会員となり、農繁期託児所を設置したり、農村の食事改善のための運動を行うなど地域のために尽くした。昭和十七年には矯風会本部の依頼により、単身満州に渡っている。信太郎は数期、県議を務め

るが、その任期中の昭和二十年九月に没した。」（同家蔵資料より）

小泉は明治十七年の、『自由新聞』と『自由燈』に次の文を寄せている。

「夙来譌《にせ》自由党ガ我群馬縣下多胡郡中ヲ糊口《ここう》ノタメ所々方々ヲ押歩キ其遊説言語ハ我党ヘ加盟スル者ハ負債ヲ返済シテヤル小学校ハ廃シテヤル租税ハ地価百分ノ一ニシテヤル等ノ悪説ヲ吐露《とろ》シ人民ヲ欺キ加入ヲ進ム夫レガタメ加入スル者コレアリ候エ共我党ハ決シテ如此《このごとき》不正ヲナスモノニアラズ后後《のちのち》何《いずれ》ノ国ヘナリトモ如是《このごとき》阿房《あほう》ノ御人ガ遊説ナストモ決シテ肯《がえん》ゼル様為念《ねんのため》此段報告ス

明治十七年七月　　緑野郡自由党　中島半三郎　小泉信太郎」

（『自由新聞』・明治十七年七月二日、『自由燈』・七月三日）

誤解を生じないように解説すれば、これら新聞記事の中で自由党への加盟を勧める「阿房ノ御人」とは将に困民党であり自由党であり小泉自身の事である。これは自らの行動に嫌疑が掛らぬ様、事前に予防線を張ったということであり、この様な手法は秩父事件関係の資料を読むと随所に見ることができる。とくに有名なのは秩父郡坂本村の福島敬三の尋問調書の中にある福島と新井周三郎の「自由党」か「借金党」かをめぐるやり取りの場面である。他の資料と比較しつつ読まないと、加担者が一転被害者になってしまうので注意が必要である。

**（小柏八郎治）**

八郎治の文章が残っている。自らの屋敷内にあったという小柏学校の沿革史の最後に添えられた意見書である。この地域の人々の困窮の様子、この人々を守る立場の人間としての苦悩を読み取ることができる。

「意見

当校ヲ維持スルノ計画ハ頗ル至難ト云ハザルヲ得ズ何ントナレバ本村ノ如キハ山間ノ僻邑ニシテ地勢狭長戸数僅少ニシテ人民資産ニ乏シケレバナリ然ルニ生徒ハ日進月歩スルニ随ヒ費額相嵩ムニモカカハラズ昨年以降世間非常ノ不景気ニシテ金融塞塞物価低落ノ為メニ土人家ヲ破リ産ヲ傾ク者往々之レアリ之レニ由テ之レヲ見ルニ目今一時ニ定額金ヲ増加シ維持ノ方法ヲ計ルヨクバ他日物価旧ニ復シ聊カ不景気ヲ挽恢《ばんかい》スルヲ待チ然ル後チ相当ノ金額ヲ増加セバ従テ学事隆盛ヲ来スベキ也

明治十七年六月

多胡郡第十三学区上日野村

小柏学校学務委員　小柏八郎治」（『藤岡市史』）

要約すると、次のようになる。

「意見
当校を維持する計画は極めて困難と言わざるを得ない。本村は山間の僻村であり、土地も狭く戸数も少ない。人々の資産も少ない。一方日々発展する社会に対応するように教育にかかる費用はますます増大している。このような中で不景気、物価低落のため、破産に陥る家々まで出てきている。定額金を増額して、学校の維持を図るよりも、後日物価がもとのようになり、景気の回復を待って金額を増額すれば学校は隆盛するであろう。」

秩父困民党の目標にも通ずる内容である。この山村も既に養蚕が広く行われており、世界的不景気の中でこの地域の農民たちが厳しい状況に置かれている様子を見ることができる。

なお、多胡郡緑野郡でほぼ同時に一斉に小学校沿革史を出し、いずれも最後に意見が添えられている。表現の違いはあるが、およそ同様の内容となっている。この時になぜ、いったい誰が、どのような意図でそうさせたのか。この資料が載せられた藤岡市史にも記載がないため、詳細は不明であるが、ある意味強力な政治批判ともとれる。県・郡の行政の中枢、あるいはそれに近いところに農民に同情的な人々がいたと見ることもできるのではないだろうか。

小柏八郎治に関し、次の資料もある。密偵報告である。十月二十三日まで探索、とあるから、本書P256ページで紹介した小鹿野町の旅館で得た泉田の情報とはまた別のものである。

内容からすると、旅館に集まる数日前に泉田から伝えられていた情報である可能性は高い。

「秩父郡大宮郷

張本人　田代栄助

同　副長　柴岡熊吉

オブスマ　同　堀口治三郎

矢納村　同　新井兵蔵

同　同　島崎周作

石間村　同　姓不知織平

…途中略…

北甘楽郡

張本人　小柏八郎

右之外連名有之候得共未タ不探鑿ニテ御座候也

十月廿三日迄探鑿」（密偵報告、５．８４６）

「張本人」は二人、田代と八郎治である。秩父困民党の役割表に当てはめれば総理と言うことになる。北甘楽郡の小柏八郎治は群馬の困民党の総理と言うことだろうか。小柏八郎治の住む上日野村、その下手に隣接する下日野村は鮎川に沿ってまるで団子のように集落が点在する細長い村である。地元の人々はウナギの寝床と表現する。山間を縫うようにくねくねと鮎川がながれ、それに沿うように家々が点在する様は、団子よりもそれの方が当てはまると思う。八郎治の住む小柏耕地と小柏常次郎の箕輪耕地では同じ上日野村と言ってもかなりの距離がある。小柏耕地は小柏村として独立していた時代もあり、その場合は小幡・富岡方面との関係で北甘楽郡となる。一方上日野村でも下日野村よりに位置する箕輪耕地は多胡郡吉井町に近く、北甘楽方面との交流は少ない。資料を読むとき、この点に注意しなくてはならない。繰り返しになるが、小柏常次郎を北甘楽郡の小柏八郎として表記する誤りは考えられない。

なお、小柏姓が現在の藤岡市日野地区を中心に甘楽郡甘楽町、埼玉県児玉郡等に点在する。これは戦国期から江戸期にかけて小柏氏が自らの勢力を拡大するため、一族のものを要地に配したからである。小柏常次郎の箕輪耕地は、日野谷と三波川を結ぶ温石峠直下にある。そこを更に進めば法久を経て秩父に至る。何か事があれば日野谷防衛の拠点となる場所である。常次郎と八郎治は他人ではないのである。

さて、日野谷とも呼ばれるこの地域から、山一つ越したところに高山村がある。高山家と親せきでもある八郎治は秩父事件が起こる数年前の早い段階から高山社の社員となっている。

## 5. 小柏氏と市川氏

小柏八郎治は逮捕されることも、警察に召喚され厳しく問いただされることもなかった。八郎治を「張本人」つまり、最高指導者と見る情報があり、上日野村特に小柏耕地の人々が困民党軍の壊滅する最後までこれを支えた。これらの事実は充分八郎治逮捕の理由になる。田代栄助が、固く口をつぐんで八郎治の名を言わなかったとしても、鎌田忠太が八郎治を常次郎と勘違いして、誤った報告をしたとしても、それでも逮捕も召喚もされなかったというのは実に奇妙な話なのである。そしてもう一つ、八郎治はなぜ行動を起こさなかったのかということである。この二つの疑問について考えてみたい。

群馬県甘楽郡南牧村に黒滝山不動寺と言う名刹がある。『群馬県多野郡史』はこの古刹について次のように記している。

「定重から六代に八郎左衛門重高がある。重高は一燈居士、妻は妙香大姉と号して、深く仏道を信じ、上州館林なる潮音和尚について禅を学び、後潮音を迎へて村内に草庵を建て此所に居らしめたが、潮音の志望により親戚なる甘楽郡砥沢の市川氏と共に開基となって、甘楽郡黒滝山に一宇を建立した。之が今の黒瀧山不動寺である。同寺には一燈夫妻の像が今に存してゐる」

潮音が小柏にいたのは延宝から貞享の頃というから、一六〇〇年代末の事である。さて、この中に砥沢村の市川氏の名がある。この時すでに市川氏と親戚関係であったことがわかる。秩父事件当時の当主八郎治重明の母親もこの市川氏の出身であるから、小柏市川の両氏の数百年にわたる親《ちか》しい関係を想像できる。なお、長野県浅科村（現佐久市）に五郎兵衛新田という江戸時代に開拓された水田がある。いまここで取れる米は「五郎兵衛米」というブランド米となって人気だが、ここを開いた人物が市川五郎兵衛であり、市川氏の人である。信州にまで影響力を持つ市川氏もまた小柏氏同様西上州きっての豪族なのである。小柏氏と市川氏のように峠を越えたその先の一族と婚姻によって縁戚関係になるということは戦国の世からごく普通にある事で、それが豪族たち勝ち残り生き残るすべでもあった。余談だが、信州佐久地方の豪族の家柄だという井出孫六氏の井出氏と小柏氏の間にもそんなつながりがある。「峠の軍談師」小柏常次郎の後ろ盾であった小柏八郎治と『峠の軍談師』を書いた井出氏が縁戚関係で繋がっていたとすれば、まさに不思議な縁と言うほかはない。迂闊にものは書けないものである。市川氏の一族にはほかにも著名人がいる。幕府昌平黌の学頭をつとめた儒学者で漢詩人の市川寛斎、そしてその子で幕末三筆の一人に数えられる市川米庵である。渡辺崋山が描いた市川米庵像は有名である。

## 6．小柏八郎治と郡長折茂健吾

当時この地域の郡長を務めていた折茂健吾について『群馬県多野郡史』は次のようにいう。「文政十年上野国甘楽郡南牧砥沢村に生る。父を市川五郎兵衛真信と称し、氏は其の第六男である。学を好み藤森天山に師事し書を能くす。長じて後緑野郡上大塚村折茂保興の養子となり、其の孫娘に配し、分れて一家をなす。後名主となり兼て五十一ヶ村の大総代となる。明治五年大小区の制を布かるに方り、第十四大区長に任じ、同十一年区制廃止新に郡長を置かるゝに及び、緑野多胡兼南甘楽郡長に進み、鋭意治を図り、初代郡長として令名ありしが、明治十九年八月退職し、明治二十五年三月三十一日没す。年六十六。」ここに、砥沢村の市川五郎兵衛の名前がある事に気づいただろうか。折茂健吾も市川氏出身なのである。八郎治と折茂はごく近い親戚、叔父と甥の関係である。これでは双方とも簡単に動けるはずがない。八郎治が動かなかった理由はここにある。折茂は南甘楽・多胡・緑野の三つの郡の郡長を兼ねる有力者である。行政のトップとして、この地域の警備を指揮する立場にあった。もしも、八郎治がこの地方の困民党軍を率いて決起したとすれば、郡役所は当然その攻撃対象となる。折茂の側からすれば、その一族の者が暴徒の巨魁と言うことになれば、知らなかった関係ないでは済まされない問題

折茂健吾の墓（藤岡市上大塚）

となる。結局この折茂との関係が八郎治の行動を思いとどまらせたのであろう。

しかし、もう一つの謎、なぜ逮捕されなかったのか、この理由は同じではない。折茂は高山社の強力な支援者でもあった。また、郡役所でもあった彼の自宅には自由党員、民権活動家なども多数出入りしていた。というよりも折茂自身が民権家であり、自由党支持者であった。次の資料は、明治二十四年の第二回衆議院選挙の時のものと思われ、高津仲次郎が折茂宅で集会を開いていたところ反対党に囲まれ、北甘楽の清水永三郎らに救援を求めた時のものである。

「拝啓、陳《のぶれ》バ臨時急報ニ接シ候、其ノ次第ハ今晩高津氏、折茂健吾宅ニ於テ反対党ニ囲マレ進退谷《きわま》ル由ニ候ヘバ、今晩至急御装束《しょうぞく》ノ上福島町迄御出張被成下度《くだされたく》、此段以急使《このだんきゅうしをもって》御通知申上候

一月廿五日

清水拝

佐藤平八君

二伸、藤巻君ニモ貴君ヨリ至急御通知被下候也《くだされそうろうなり》」（群馬県史21Ｐ ４１９）

明治二十五年の第二回衆議院選挙は政府による大規模な選挙干渉で有名だが、群馬でも死者が出るほどの激しい闘争が展開されていた。これは、その時の資料である。「今晩至急御装束ノ上…」とは、「武装して来てくれ」という応援要請である。秩父事件より少し時代は下っているが、折茂自身が自由党の高津の支援者だった様子がうかがえる。先に紹介した、学校沿革史の作成にも、折茂の意思が反映していたと考えてよい。

## 7. 影の巨魁、郡長折茂健吾

もう一つ、折茂の関与を疑わせる次の資料がある。

折茂が自らの十月三十一日から、十一月一日にかけての行動を記した県令宛ての報告書である。

「一昨三十日及御届《おとどけにおよぶ》昨三十一日出発郡内多胡郡上日野下日野両村巡回予《かね》テ地方民心上ニ付テハ注意罷在候処《まかりありそうろうところ》本日帰路下日野学校分校ニ於テ学務委員黒沢信一郎ヘ面会粗《あらまし》

承《うけたまわり》候《そうろう》処《ところ》武州秩父郡地方自由党ト唱フル者該郡内ヘ適々《てきてき》集会下日野人民中加名者《かめいしゃ》モ有之《これあり》彼ノ地ヘ出張《しゅっちょう》致《いたし》候《そうろう》哉《や》之《の》風聞《ふうぶん》有之《これある》趣《おもむき》因《よっ》テ同人及戸長ヘモ厚注意方《ちゅういかた》申談置《もうしかたりおく》而シテ衛生上火葬埋葬地之義ニ付苦情有之本日午後四時過緑野郡東平井村ヘ立寄該《がい》苦情者呼出夫々《それぞれ》説諭午後十時過帰局《ききょく》候《そうろう》処《ところ》当衙郡書記竹内金治義藤岡町市中《しちゅう》ニ於《おい》テ何歟騒ケ敷《なにかさわがしき》風聞有之ニヨリ警察署ヘ罷越《まかりこし》聞合《ききあわせ》候《そうろう》処《ところ》埼玉県下秩父郡矢納村字城峰山辺《べ》ヘ暴徒集会炮発《ほうはつ》等いたし《マヽ》因テ該県警部已下《いか》出張相成《あいなり》候《そうろう》趣《おもむき》鬼石町詰巡査ヨリ報知有之高山警部其他出張相成候趣了知《りょうち》　竹内郡書記初メ直ニ郡吏《ぐんり》三名該地《がいち》ヘ向ケ出張尚小官出張先ヘモ却夫《きゃくふ》ヲ以《もって》通知方取斗《とりはかり》候《そうろう》処《ところ》途中行違相成《ゆきちがいにあいなり》帰局　因テ小官義モ該地ヘ出張仕リ候　猶《なお》詳細ハ出張先ヨリ御届可申上候得共《もうしあぐべくそうらえども》不取敢仕立脚夫ヲ以《きゃくふをしたてもって》此段上申《じょうしん》仕《つかまつり》候《そうろう》也《なり》

十七年十一月一日午後十二時」（5．702）

訳文

「一昨日お届けいたしました件について昨三十一日に出発し、上日野村下日野村の両村を巡回いたしました。予てより、この地域の民心上のことにつきましては注意を払っていましたが、本日（十一月一日）帰り道に下日野学校分校に立ち寄り、学務委員の黒沢信一郎に面会し村内の様子を聞いてみたところ、埼玉県秩父地方の自由党を名乗るものが郡内において度々集会を開き、下日野村人民の中にもこれに加わり、秩父地方に出発した者がいるという噂があるとのこと。そこで同人や戸長に対しては厳しく注意しておきました。

それから、火葬埋葬地のことで衛生上の苦情を申し立てるものがありましたので、本日（十一月一日）午後四時過ぎ、緑埜郡東平井村に立ち寄り苦情者を呼び寄せて説諭いたしました。午後十時過ぎに郡役所に帰り着きましたところ、郡書記の竹内金治というものが次のような報告をいたしました。『藤岡町の町中において何か騒がしく噂している者たちがいるので藤岡警察署に行って、何かあったのかと様子を聞いたところ、埼玉県秩父郡矢納村の城峰山付近で暴徒が集合し、鉄砲を撃つ等しているとのことで、埼玉県警部らも急ぎ出張して来ているとのことです。鬼石町詰めの巡査より報告がありましたので、藤岡警察署の高山警部らも出張しました』とのことです。そこで郡役所からは竹内書記ら三人の役人を急ぎ該地に出張させました。なお、私の出張先にも却夫を走らせ、知らせようとしたようですが、途中で行き違いとなり、自分は帰局してしまった次第です。よって、これよりすぐ、自分も該地へ赴きます。詳細は現地より報告いたしますが、取り敢えずここまでのことを却夫をもってご報告いたします。十七年十一月一日午後十二時。」

郡長の折茂健吾は十月三十一日から翌十一月一日にかけて、上日野村・下日野村を訪れている。その帰り道には下日野学校において、下日野村人民の秩父出向の噂があることを知り、戸長や学務委員に厚く注意したという。そして、緑野郡上大塚村の郡役所に戻った後、困民党軍の蜂起を知ったという。時間は午後十時。困民党の決起を知ったのが遅れた理由について、折茂は「尚小官出張先ヘモ却夫ヲ以通知方取斗候処途中行違相成帰局」と記し、却夫と行き違いになってしまったからだと言い訳までしている。十月三十一日から十一月一日ごろにかけては、上日野村、下日野村が最も活発に動いた時である。十月三十日深夜には先発隊ともいえる新井寅吉率いる一隊が上日野村小柏を出発、翌三十一日深夜は遠田宇市率いる一隊が上日野村小柏耕地を出発、田本耕地等をへて秩父に向かい、同じころ小柏常次郎は下日野駒留耕地において、下日野村印地耕地などからの参加者も集めて秩父に向かった。翌十一月一日には北甘楽郡天引村の古館市蔵、同村に寄留していた下日野沢村の新井蒔蔵らとともに新井貞吉が小柏耕地を出発している。折茂健吾はこのようなときに上日野村下日野村を訪れているのである。県令への報告では「下日野人民中加名者モ有之彼ノ地ヘ出張致候哉之風聞有之趣」と、秩父に向かったとの噂もあるという話を聞いたとしているが、折茂はまさにその時間に、その現場にいたのである。「噂があるという話を聞いた」、というのは何ともおかしな言い回しである。折茂がうわさを聞いたという下日野学校分校があるのは下日野村駒留耕地、ここからは、新井多六郎、新井藤市、西沢角太郎、黒沢金四郎ら錚々たるメンバーが事件に参加している。直接参加はしなかったが、これに協力したものとして新井多六郎の父親の弁蔵も後に逮捕されている。新井弁蔵は下日野学校前学務委員であった。黒沢、西沢らの家は下日野学校に隣接といってもいいほどの近距離にある。折茂はこの時間にこの場所にいて、ただならぬ雰囲気を感じないはずはない。「噂があるという話を聞いた」などという表現は明らかにおかしいのである。折茂は何かを隠している。ここで一体何をしていたのか、何を話し合っていたのか、このことを考えるべきなのである。さらにもう一つ、この折茂報告には決定的におかしな部分がある。上日野村では何をしていたのか。この記述が全くないのである。折茂はなぜこの部分を報告書に記載しないのか、この点を考えなければならない。

上日野村は、折茂の自宅兼郡役所のある上大塚からは、最も遠い地域の一つである。ここまで出向いて何もしないということはあり得ない。その目的が視察や巡回であるならば、村民の暮らしぶりや様子、人々が行政に不満があるようならばどのような不満を持っているのか、それに対してどのような説諭を行ったのか等、書くべきことはいくらでもある。全く書いていないということは記載できないからである。

なぜ記載できなかったのか、ここからはかなり推測の部分が入ってくるのだが、一つは郡長としての側面から考えてみたい。かねてより、上日野村下日野村人民決起のうわさは当然郡長の耳にも入っていた、そこで人民説諭のために現地に出向いたが、とても説諭に応じるような状況ではなく郡長としての職責は全く果たせなかった。恐ろしいまでに高揚した人々の動きに直面し、なすすべなく引き返さざるを得なかった。もしも、この事実を書けば、自らの責任を問われることになる。故に、何も書くことができなかったのである。

もう一つは、自由党支持者であり、民権活動家としての側面から。表向きは巡回目的といいつつ、実際は郡長として得た官側の情報をこの地域の自由党組織に伝えるために出向いた。あるいは、事件がどの程度まで拡大した段階で自らが蜂起軍に協力できるのかの打ち合わせを行った等。折茂のこの報告書からは、事件に根幹にかかわる様々なことが考えられるのである。

さらにもう一つ重要なことがある。折茂はどこで宿泊したのか、ということである。可能性としてもっとも考えられるのは上日野村小柏の小柏八郎治宅である。最も近しい親戚であり、上下日野村はもちろんこの周辺地域に隠然たる力を持っている実力者。折茂が行政を掌握する立場としてこの地方を巡回するとなれば、ここを訪ねないはずはない。また、自由党支持者、民権活動家としての折茂健吾を考えた場合、ここでも小柏八郎治は最も重要な存在となる。折茂はおそらくここに宿泊したのである。

次の資料は、十一月三日、この地域を巡回した郡書記の報告である。

「上・下日野両村内民情之模様《みんじょうのもよう》、外面ヨリ見ル時ハ平穏無事之如シト雖《いえど》モ其内幕タルヤ四五名位ヅツ此処彼処《ここかしこ》ノ諸所ヘ集ヒ或ハ談ジ或ハ語リ今ニモ以テ好機アラバ応ジ組出サントスル勢ヲモ有之哉《これあるや》ニ見受ケ候ニ付…」（５．７３８　十一月三日夜　郡書記の報告）

不穏かつ切迫した状況を報告している。先に紹介した折茂本人の報告と比べるとその大きな違いに気づく。

この地域から事件に参加した新井栄太郎は後日警察の尋問で次のように語っている。

「自村ノ後ナル国峰村恩田宇一《遠田宇市》ナル者三十一日午後五時頃小柏八郎ノ店ニ参リ秩父郡伊佐間《石間》村迄戦争ニ参ルヘシト申スニヨリ武笠重吉小板橋貞吉《新井貞吉》恩田宇一郎ノ四名ニテ小柏八郎店江《へ》酒買ニ参リ其場ヨリ直ニ右四人同道ニテ秩父郡伊佐間村小松牧次郎《新井蒔蔵》ノ宅江参リ候」（３．１２２）

新井栄太郎はこのように、小柏八郎治の店に酒を買いに行ってそこから無理やりに誘われて秩父に行った旨をこたえている。小板橋貞吉とは新井貞吉のことであり、貞吉は後に菊池貫平の一隊に加わり、信州で活躍することになる。貞吉が上日野村を出発するのは翌十一月一日のことなので、この供述にはかなりの嘘が含まれている。酒を買いに行ったというのも、無理矢理に誘われて、という部分も嘘と思われる。遠田が一隊を率いてここを出発するのは事実だが、参加者は十名程の名前が判明している。重要なのは、この供述に小柏八郎の名前があることである。栄太郎と同行した武笠重吉も同じく八郎治の名前を出しているので、小柏八郎治宅に行ったのは事実だろう。ところが栄太郎は第二回の尋問では小柏八郎治の店ではなく、新井貞吉の店と言い換えている。この言いかえがおかしいのである。「戦争ニ参ルヘシ」と誘われたその場所を言い間違えることは現実的にはあり得ない。小柏八郎治宅で何か重要な打ち合わせが行われていたのである。そこに遠田と新井貞吉がいたという供述も重要である。折茂健吾はこのようなときに上日野村にいた。そして小柏家にいた可能性が高い。まさかとは思うが、折茂は遠田や新井貞吉とそこに同席していた可能性さえあるのである。上日野村について何の記述もない折茂自らの巡回報告書と他の資料を突き合わせると、以上のような折茂の際立っておかしな行動が見えてくるのである。遠田宇市、小柏常次郎らが大勢の村民と共に秩父に向かったその夜、折茂はいったいこの村で何をしていたのか。

事件がほぼ終息した十一月十三日、藤岡警察から派遣された一隊が上日野村下日野村両村に入り、事件参加者が一斉に検挙された。この村から事件に参加した者のうち多くがひそかに自村に帰り、そのことが警察の知ることとなったのである。しかし、小柏八郎治は逮捕もされず、何等の取り調べも受けなかった。この村からは多くの人々が事件に参加し、小柏常次郎や新井寅吉、貞吉親子らは事件で重要な役を担っている。さらに、小柏耕地に絞ってみただけでも、新井寅吉、新井貞吉親子は菊池貫平率いる信州隊の幹部であるし、信州で抜刀隊を率いて活躍した小沢弥五郎も小柏の人である。坂本宗作や新井蒔蔵といった秩父側の幹部もまた、この小柏耕地に頻繁に出入りしていた。十月三十日、秩父に向け最初に行動を起こしたのも新井寅吉に率いられたこの集落の人たちであった。鎌倉時代より続く名門として、地域の殿様あるいは「小柏さま」として隠然たる力を持っている八郎治が逮捕もされず、召喚もされず何の取り調べも受けないというのは実に奇妙な話なのである。

折茂の上・下日野村巡回報告はこの謎の解明にヒントを与えるものである。もしも八郎治逮捕とでもなれば捜査の目は当然折茂にも向けられる。行政トップが蜂起軍トップと陰で繋がっていたということになれば、折茂や郡の行政に関係する多くにも疑いの目が向けられることになる。それは警察内部にも及んだかもしれない。表面上、警備・鎮圧の側にいたどれだけの人物に火が及ぶかわからないのである。事件取り締まりの側の政治的な配慮によって八郎治は逮捕もされず召喚もされなかった。いくつかの資料を基に推測できるのは以上のようなことである。

諸資料を検討して考えられるのは凡そこの辺りまでである。秩父事件が限りなく大きな騒動へと発展する可能性を秘めていたことは理解していただけたのではないだろうか。秩父事件研究の世界が従来の概念から早々に脱し、新たな課題に向け動き出す事を願っている。なお、埼玉県熊谷の民権活動家であり、埼玉県議会の議長を務めた竹井澹如は同じく市川氏の生まれで折茂健吾の弟である。信州にまで及ぶ小柏家の広域的な血縁関係が、北甘楽の豪族市川氏と熊谷宿の本陣竹井家を結び付けたのだろう。そう考えると、秩父大宮郷の有力者、田代家と小柏氏のつながりはなかったのか、今後の研究対象とすべき課題であろう。江戸末期、小柏さまが秩父方面で金山開発をおこなったという記録は残っているのだが、詳細は不明である。

事件後、日野村の官選戸長である尾上義高はその口を封ぜられるかの如く、折茂郡長の地元上大塚村に引き戻されている。密偵報告書に田代栄助と共に「張本人」と記載された小柏八郎治が警察に拘引さえもされなかった事実は、官側に秩父事件への加担の事実をもみ消そうとする大きな力が働いていたことを疑わせる。八郎治と同じく折茂も事件の背後にいた巨魁の一人だったのだろう。結果として、折茂の強力な行政力が事件の背後にいた多くの人々を救ったのである。

# 藤岡・秩父自由党事件年表

| 年　　　月　　　日 | |
|---|---|
| 1873（明治 6）年 | 高山長五郎、近隣の青年たちと共に高山組を組織（この頃、清温育は既に完成していたか。※「清温育」の名称はまだなし） |
| 1875（明治 8）年 6 月 | 大戸甚太郎（藤岡町初代戸長）、第一回地方官会議を傍聴、福島の河野広中、庄内の森藤右衛門らと民選議院設立の建白書を提出 |
| 1881（明治 14）年10 月 | 自由党結成、結成大会に埼玉県加美郡藤木戸村（現上里町）の松本庄八参加 |
| 12 月 | 松本庄八、三俣素平、三俣愛策、高津仲次郎ら明巳会結成（自由党明巳会を名乗る） |
| 1882（明治 15）年6 月 | 松本庄八、自由党臨時大会に参加 |
| 1883（明治 16）年3 月 | 埼玉県藤木戸村の松本庄八、自宅邸内に発陽学舎開校（教師は宇都宮平一、川田正澂） |
| 4 月 | 自由党大会に伊古田周道（藤岡町、蘭学医純道の孫）参加 |
| 5 月　　6 日 | 賀美郡勅使河原村（現上里町）の神流川中州で上武両国有志が野遊懇親会（宛も戦陣の出で立ちに異ならざる有様にて…） |
| 5 月 | 大戸甚太郎、藤岡町の自宅に宇都宮平一（発陽学舎教師）を招き立憲政体の講義 |
| 9 月 | 五十川元吉（加波山事件関係者）高崎の宮部襄を訪問 |
| 1884（明治 17）年 | 高山組、養蚕改良高山社となり教育伝習機関としての性格を強める |
| 1 月　　11 日 | 黒沢とく（黒沢円造の子）自由新聞に田母野秀顕顕彰碑建設義捐金、一円を寄付したことが掲載される |
| 1.2 月頃 | 田代栄助自由党入党 |
| 3 月　　13 日 | 自由党臨時大会、そのあと「決死派」の集会（村上泰治、高岸善吉が参加） |
| 3 月　　22 日 | 一ノ宮光明院（現富岡市）で政談演説会、参加者一千余名 |
| 4 月　　6 日 | 自由新聞に黒沢円造家が「自由党の一家」として紹介される |
| 4 月　　17 日 | 照山峻三殺害事件、村上泰治、岩井丑五郎ら逃亡の後逮捕される |

| | | |
|---|---|---|
| 4月 | 末 | 高崎観音山清水寺で秘密会議（田代参加か） |
| 5月 | | 高崎まで鉄道が開通 |
| | 15日 | 群馬県北甘楽郡の人民が決起（群馬事件） |
| 7.8月頃か | | 福島の山口千代作、法久の新井愧三郎宅へ |
| 8月 | 2日 | 太田義信、八王子角屋で富松正安、西郷旭堂と盟約（自由自治元年の日付）を結ぶ |
| | 初旬 | 小林篤太郎、五十川元吉、平尾八十吉の三人、八王子郊外でこの地域の巨魁某に面会 |
| 9月 | 15日 | 発陽学舎開校の祝賀会（実際の開校は16年3月）、馬場大石末広中江らの来賓は台風のため来られず |
| | 23日 | 茨城県加波山に富松正安らが「自由魁」「政府転覆」等の旗幟を掲げて決起（加波山事件） |
| | 30日夜 | 楢原村乙父村乙母村尾附村平原村神ヶ原村などに火札数十枚張られる（「野栗峠へ十一月一日出ツヘシ」） |
| 10月 | 19日 | 秩父郡大宮郷で自由党員立川雲平を招き演説会 |
| | 23日 | 大井憲太郎の使者氏家直邦、秩父に来て決起の中止を要請 |
| | 27日 | 菊池貫平・井出為吉、秩父に向け信州北相木村を出発 |
| | 27日頃 | 群馬県山名村付近で人民集会、秩父応援を決議か |
| | 27日深夜 | 埼玉県警部鎌田忠太、大宮署長斎藤警部、小鹿野分署長太田警部ら小鹿野町寿屋で泉田�美より報告を聞く |
| | 29日 | 大阪太融寺に於て自由党、解党を決議 |
| | 30日深夜 | 新井寅吉隊、秩父に向け群馬県上日野村小柏を出発 |
| | 31日 | 郡長折茂健吾　上・下日野村巡視のため出発 |
| | 31日夜8時頃 | 風布・金尾村人民金毘羅神社で決起、下吉田椋神社に向かう |
| | 31日深夜 | 小柏常次郎隊下日野村を出発、遠田宇市隊上日野村小柏を出発 |

| | | |
|---|---|---|
| 11月 | 1日午前<br>10時頃 | 下吉田村、清泉寺門前の戦い |
| | 1日<br>昼過ぎ | 下吉田村役場包囲戦 |
| | 1日午後<br>1時頃 | 新井貞吉、新井蒔蔵、古館市蔵ら上日野村小柏を出発 |
| | 1日 | 高見沢薫らに書簡発送される（十一月四日ヲ期シ群馬県南甘楽郡神ヶ原村ニ参会スヘキ旨） |
| | 1日夜<br>7時 | 困民党下吉田村椋神社で決起、8時頃進軍開始 |
| | 1日夜 | 群馬県新田郡西長岡村で数百名が決起 |
| | 1日夜<br>10時 | 折茂健吾　上・下日野村巡視より帰局 |
| | 1日深夜 | 困民党軍小鹿野町占拠 |
| | 2日早朝 | 困民党軍小鹿野町を出発 |
| | 2日朝8<br>時頃 | 困民党軍音楽寺に集結 |
| | 2日 | 黒沢円造、神ケ原村を出発、東京に向かったか |
| | 2日 | 川田正澂、発陽学舎を去り東京へ |
| | 2日午後<br>2時頃 | 困民党軍、大宮郷を占拠、郡役所に革命本部を置く |
| | 2日夜 | 大宮郷豪商などから軍資金を調達 |
| | 2日夜 | 困民党軍、秩父神社などに宿営 |
| | 3日早朝 | 困民党軍、秩父神社より皆野に向け出発 |
| | 3日 | 高見沢薫、北相木村を出発、四日神ケ原に到着か |
| | 3日午前 | 困民党軍皆野町に到着、親鼻に布陣 |
| | 3日<br>昼頃か | 田代、小柏、柴岡ら幹部、下小川橋陣地に移動 |
| | 3日 | 群馬県新町駅より不審な電報発信される |
| | 3日午後<br>3時頃 | 親鼻で銃撃戦、憲兵隊は撤退 |
| | 4日 | 加藤、井出ら秩父を脱し、東京に向かう |
| | 4日午後<br>6時 | 困民党軍の一隊、本野上村より児玉に向け出発 |

| | | |
|---|---|---|
| | 4日午後11時 | 困民党軍金屋村で軍隊と衝突敗退（金屋の戦い） |
| | 5日 | 榛沢郡人見村の人見山に人民集合 |
| | 5日夜 | 菊池貫平に率いられた困民党軍の一隊、神ケ原村に宿営 |
| | 7日 | 困民党軍、十石峠を越え信州へ、その夜大日向村龍興寺に宿営 |
| | 8日 | 困民党軍、東馬流に宿営 |
| | 8日 | 黒沢円造、神ケ原村に帰村 |
| | 8日 | 茂木賀内、岩鼻火薬製造所近くで警備の兵に逮捕される（仕込み杖を所持） |
| | 9日未明 | 東馬流の戦い、その後午後2時頃海ノ口村野辺山原で困民党軍壊滅 |
| | 9日 | 群馬県多比良村等に参加を呼び掛ける檄文張られる |
| | 10日 | 新井多六郎、天引村で逮捕される |
| | 12日 | 太田義信、宇都宮警察署に自首（自由自治元年の日付の盟約書所持） |
| | 13日 | 万場村（現神流町）で小柏常次郎逮捕される |
| | 14日 | 田代栄助逮捕される |
| 12月 | 20日 | 宇都宮平一離別の宴、席上松本庄八、発陽学舎の解散を告げる |
| | 29日 | 宇都宮平一、藤木戸村を去る |
| 1885（明治18）年1月 | 1日 | 松本庄八、アメリカに向け横浜を出港 |
| 2月 | 2日 | 宇都宮平一、上海に向け出港（亜細亜学館管理者となるため、下戸塚村の中山市太郎が同行） |
| | 28日 | 田代栄助、加藤織平に死刑判決 |
| 5月 | 17日 | 田代、加藤、高岸らに死刑が執行される |
| 1886（明治19）年 | | 高山長五郎死去 |
| | | 高津仲次郎、前橋英学校（現共愛学園）設立 |
| 1887（明治20）年 | | 高山社を藤岡町に移転 |
| 10月 | | 後藤象二郎、大同団結運動を提唱 |
| 12月 | | 保安条例公布、高津仲次郎東京退去処分 |

| | |
|---|---|
| 1888（明治 21）年 | 大戸敏次郎（甚太郎の子・藤岡小学校教員）、永井元（藤岡小学校教員）、日向輝武、小泉信太郎らアメリカへ |
| 1890（明治 23）年7月 | 第一回衆議院選挙、高津仲次郎（群馬）、宇都宮平一（鹿児島）当選、松本庄八（埼玉）は落選 |
| 1891（明治 24）年8月 | 高津仲次郎、板垣退助、河野広中らと北海道へ。空知監獄、樺戸監獄などを訪ね、照山事件、加波山事件、静岡事件などの受刑者を慰問 |
| 1892（明治 25）年 | 第二回衆議院選挙、政府の激しい選挙妨害にあって高津、宇都宮、松本落選。 |

## 『各論文が提起すること』

論文1

蜂起軍総理の田代栄助は、蜂起の目的は貧民の救済であり、攻撃の対象は高利貸しだという。しかし、一方「現政府を転覆し直ちに国会を開く革命の乱なり」という別の幹部の言葉も残されている。多くの資料を比較検討し、彼らの真の狙いを読み解く。そして本陣崩壊と東京進攻計画の謎に迫る。

論文2

藤岡・秩父自由党事件最大の戦いといわれる金屋戦争。彼らの戦いは本陣崩壊後の司令部を失った部隊の盲目的な突撃による悲劇ともいわれてきた。しかし、本陣の崩壊はなく、従って彼らは明確な目的と指示のもとに行動していた。その進撃目標こそ、陸軍岩鼻火薬製造所である。

論文3

秩父困民党軍の中に自由隊を名乗る一隊があった。隊長としてその名が挙がったのが小柏常次郎、新井寅吉、遠田宇市の三名である。この村の人々はなぜ自由隊を名乗り、困民党軍が壊滅する最後までその中核を担ったのか。上・下日野村の人々の活躍の様子を紹介し、この事件の実相に迫る。

論文4

藤岡・秩父自由党事件のさなか、群馬県新町から発せられた一通の電報があった。しかし、その電文内容は全く事実に反するものであった。この電報にかかわったのは四人、何れも自由党員や民権活動家である。この四人の人物から、電報の背後に見え隠れする、藤岡・秩父自由党事件の真の意図と壮大な事件の構図に迫る。

論文5

藤岡・秩父自由党事件と同日に決起した事件がある。群馬県新田郡で起こった新田騒擾事件である。また、群馬県山名村等でも周辺諸村の代表が集会し、「秩父への応援を決議した模様」、などの資料がある。各地の動きを紹介しながら、この事件が自由党による広域蜂起事件であったことを明らかにする。

論文6

現在、藤岡市の市域に位置する坂原村法久は、山中谷（南甘楽郡）屈指の豪農、新井平蔵以下二十数名が党員名簿に名を連ねる自由党の村であった。十七年五月の照山事件で処断された新井愧三郎、岩井丑五郎もこの村の人である。この村に関する当時の資料を詳細に検討すると、藤岡・秩父自由党事件の背後でこれを積極的に支えたこの村の人々の動きが見えてくる。

論文7

明巳会はこの地域にあった民権結社である。彼らは自由党明巳会を名乗り、多くは高山社社員でもあった。また、明巳会の中心人物、埼玉県藤木戸村の松本庄八が自邸内に作ったのが民権学校、発陽学舎である。彼らの中には河野広中や、五十川元吉ら福島・喜多方事件や加波山事件の関係者と交流を持った人物もいた。藤岡・秩父自由党事件と加波山事件の関係を探り、「自由自治元年」の謎に迫る。

論文8

藤岡・秩父自由党事件の真の総理は田代栄助ではない。田代が死してなお守ろうとした真の総理は誰なのか。資料を分析し、その人物を明らかにする。また、その人物がなぜ捜査線上に表れなかったのか、この謎を読み解くとともに行政の側にいたもう一人の中心人物、いわば影の総理も明らかにする。

## 資料

「上毛今昔物語」　上毛新聞　昭和三年九月十六日

高崎鎮台を襲って兵器弾薬を奪取の計画　秩父騒動の発端と内容

小泉信太郎氏談

秩父騒動というのは群馬、長野、埼玉、山梨の四県下に起った、未曾有の暴動事件でこれは世間的にかなり知れ渡っている事件だ随って今更事新しく述べ立てる程の事でもあるまいが、この騒動には暴徒の一人として自分も加はりこの様に大きな銃創を受けたので（左足に五寸大の銃創の痕を示して）乱暴で通した若き時代の思い出として危なっかしい乍ら記憶を辿って話そう。

秩父騒動は群馬事件におくるること約五か月……明治十七年十月三十日秩父郡吉田村杢神社境内に烽火が挙げられた、事件の発端は照山謀殺事件に連座して前橋監獄に幽囚の身となった師友を救い出すと共に、高崎鎮台を襲撃し兵器弾薬を奪い、あわよくば中央進出を試み、何か事を為さんとし、宮部と共に投獄された村上泰次の妻半子、宮部の部下の井上伝蔵、田代栄助、落合寅市、柳原正雄、新井周二郎、加藤織之助の無茶連が主謀者になって各方面へ檄を飛ばしたのである、偶未曾有の不景気で殊に農村生活者の惨状は言語に絶するものがあった。これに目をつけた主謀者側では以上の目的を果たすためと、「此處らで血の雨降らさねば自由の土台は固まらぬ」てな調子でまず無知な農民を煽動し不景気の襲来は専制政府の存在にありと各方面に亘って旺な宣伝を行った。

即ち農民に対しては地租軽減、徴兵改正令を革命成功後の実行政策として誓約を声明した。要するに暴力を以て政府転覆を図り天下に号令せんとした一種の過激派でもあったが政府の遣り方にも目に余るものがあった、百姓扇動のこの戦法は予想外の効を奏し参ずるものまず第一番に長野県南佐久郡井出為吉、菊地勘平の率ゆる一千余名、埼玉県秩父郡及本県北甘楽郡から約一千五六百名、少くも急を聞いて参ずる者一万余人に及んだ、吉田村杢神社を中心にあたりの農家はこの兵員の臨時宿舎に当てられた、此處で集合した大部隊の軍隊編成を行い、井上、田代が総指揮官格で落合、新井、柳原、加藤、井出、菊地などいずれも一方の大将となった。兵員は百姓を主として猟人、博徒の輩であった。兵器は猟銃、竹槍、刀剣、農具の類であった。

この騒動の時僕は十八才か十九才であったろう、友人の中島半三郎と二人で一揆に加擔参加した僕らは秩父郡の一隊に加わって出動した、もう寒い風が吹いていた、いまにどんな騒動が起こるかと思へば不安でならなかった、戦争するには腹が空いていては何うにもならないので、先ず高利貸し土地其他富豪を脅かして掠奪を行い郡役所、警察署を襲い奥書（登記書類）を焼き佛、百姓の貸借関係書類その他を滅してしまった、占領した大宮警察署は軍事裁判所に、秩父郡役所は指令部に学校は軍事集会所に何ずれも暴徒の臨時出張所に充られた。

軍事裁判所では悪辣の高利貸しや土地の断罪をやったり富豪を引っ張ってきて軍用金を仰せ付けた、この間各方面から鎮圧のために警察官の出動はあってあっちこっちに小競合もあったが日を逐うて激増する雲霞の如き暴徒には全く歯が立たなかった。一方暴徒の方は増えるばかりなので食糧に不足を来たし大宮中心あたりの畑は甘藷は勿論、口に入るものは悉く食い尽くされてしまった。こうした、窮乏と疲労の中に警官隊との間に銃火を交えたのだからその凄惨、惨鼻の有様は言語に絶するものがあった。

凄惨な戦端は随所に展開されたが、前橋公園に碑となっている柱野警部補、前川巡査の殉職したのは秩父郡みの村役場で昼食中を暴徒の一隊に挟撃され、柱野警部補は斬死前川巡査は捕虜となって暴徒の残党が信州へ落ちる途中十石峠で斬ってしまったものらしい。群馬県警官隊の総指揮官は警部長の河野忠三だったが衆寡敵せずと見て急を高崎鎮台に報ずると共に政府当局に警戒方を報じた、この警報に驚いた東京では千住、板橋、新宿の三駅に巡査五十名、軍隊、憲兵を交えた一個大隊を配置する騒ぎであった。

「上毛今昔物語」　上毛新聞　昭和三年九月十七日

秩父騒動にからまる高崎鎮台と暴徒の接戦振り

小泉信太郎氏談

かかる大暴動を未然に予知することが出来なかったばかりでなく、警官隊の案外手薄であったことは昔のこととは謂え随分うかつ過ぎた話の様だが時偶栃木、群馬両県に跨る国道開通式が栃木県に於いて挙行されることになり騒動の起こった当日、国務大臣を始め政府要路の大官がこれに臨場するというので本県警察部からも多数の警察官が道筋警戒のために出張して居ったのだった。騒動は三十日から十一月二日まで暴徒側の陣容頗る良好であったが、わら餅を食わねばならぬ程に糧食の缺乏を見るに至ったのと極端な疲労とに耐え兼ねて暴徒の脱走者続出し陣容漸崩れ掛って来た折も折、高崎鎮台の大部隊は児玉町まで進出してきた。

これより先暴徒側では児玉町を衝いて先ず岩鼻に出で同監獄を破って囚人を助け出し高崎に進出せん方針で児玉町花金谷と云うところまで進出してくると物見（斥候）の者から高崎鎮台が児玉に這いった報告がきた、こうこうたる秋の名月の夜だ昼夜ぶっ通し四日間の空腹と疲労に弱り切った兵員の心にはこの名月もなんの慰めも將た又優雅な気持ちなぞ起こさせようもなく寧一種の凄惨味を与えるに過ぎなかった。ここで暴徒は付近の富豪を脅かすと共にその家を焼いた。この炎が月空に沖するや、軍隊側はそれ暴徒だとばかり進撃し来り端なくも此處に銃火を交えての大戦端が開始された。

幸か不幸か?昼をあざむく月明りに、最初此方（暴徒側）から打ち出す銃丸は見事に軍隊側を倒した、銃手は一発の弾丸も無駄にしない猟人だから、「きっ」と狙ったら「きっ」と命中した。交戦二三十分のうち軍隊側は集団に向って一斉射撃と出かけてきた。しかもドドンとやるやドドン…ドドンと三段うちに浴びせかけて来た。これには流石頑強の暴徒側もバタバタ倒されざるを得なかった。

阿鼻叫喚の中に将校が声を張り挙げて「貴様らの中には良民もあるだろう良民は早く逃げろ」と叱咤したが猛り立った此方では「何ッ貴様の方で逃げろ」「ズドン」とやった再び銃火は吾々の集団の中へ釣る瓶落しに浴びせかけられ、バタバタと将棋倒しにやられた。

いかに焦っても反抗しても軍隊には対抗することはできない。「退け」の号令と共に最初の集合所杢神社に向って総退却を開始した。逃げる背に浴びせかけられるのには流石に参った。僕はその時膝を後ろから撃ち抜かれ「あッ」と思ったが夢中で逃げた。此處で井上、田代大将株は

「こうなったらお互に身を隠すより仕方ない。吾々はこれから信州へ落ちるから皆逃げてくれ」と僕らに五十両ずつくれた。気が付いてみると足の膝から淋漓として鮮血のほとばしっている。これじゃあ何うすることもできないので応急手当てとしてサラシで傷口をしっかりしばりつけ山越えで吉井へ逃げた。中島は五十両を資本に東京の蠣殻町へいって相場に手を出したそうだが、どこまでも中島らしいと思った。

一方暴徒の残留部隊は捕虜にした前川巡査を血祭りにあげ十石峠を越え信州南佐久郡岩村田の馬洗いと云うところへ出たところ松本鎮台のために目茶目茶にやられ全くここに壊滅した。時に十一月三日であった。吉井へ逃げてきた僕は吉田屋というハタゴ屋の一室を借りて治療していたが、二階から外をのぞくと頸や腕をくくりつけられた戦友が珠数つなぎに護送されて行くではないか！その時は全く悔し涙がこぼれた。こんな具合で頭株も相前後して縛され、田代、新井、井出、菊池の四人は死刑に、落合、柳原は懲役十年に処せられ、首謀者の井上はうまく逃げて刑を免れてしまった。事件はこれで落着したが、金屋で放火をしなかったら軍隊にもやられず、児玉へ出ることができた。児玉へ出れば、同志五六名がいたのでこれと連絡が取れたので、そうなるとか様に簡単には形づかなかった筈だ。

# 参考文献等

『群馬県史資料編21』（群馬県史編纂委員会編・群馬県）
『藤岡市史資料編 近・現代』
（藤岡市史編纂委員会編・藤岡市）
『新町町史』（新町町誌編纂委員会編・多野郡新町）
『万場町史』（万場町史編纂委員会編・多野郡万場町）
『中里村の歴史』（中里村教育委員会編・多野郡中里村）
『鬼石町史』（鬼石町史編纂委員会編・多野郡鬼石町）
『群馬県多野郡史・完全復刻版』
（多野郡教育会編・千秋社）
『多野人物史』（赤松義光著・多野人物史刊行会）
『高津仲次郎日誌』
（高津仲次郎著　丑木幸男編・群馬県文化事業振興会）
『Recollections　kuroyanagi photo Studio』
（藤岡市 黒柳写真館）
『共愛学園百年の歩み』（共愛学園百年史編纂委員会）
『茨城県史料　近代政治社会編』（茨城県歴史館編・茨城県）
『喜多方市史　近代資料編V　自由民権運動』
（喜多方市史編纂委員会編・喜多方市）
『埼玉自由民権運動資料』
（埼玉自由民権運動研究会編・埼玉新聞社）
『秩父事件史料集成』
（井上幸治 色川大吉 山田昭次編・二玄社）
『秩父事件史料』
（小野文雄 江袋文男 丸山知良監修・埼玉新聞社出版局）
『鷲翎山宝積寺史』（宝積寺史編集委員会編）
『自由党史』（板垣退助監修・岩波文庫）
『自由党員名簿』（明治史料研究連絡会編）
『ふるさと人ものがたり藤岡』（黒沢明彦 飯塚壽男編・藤岡市）

『まんが藤岡の歴史』（藤岡市）
『高山社の養蚕改革』（関口覺著）
『高山社を考える会　活動記録史』（高山社顕彰会編）
『緑埜製糸社の歴史　―高山長五郎とともに―』
（関口覺・緑埜製糸社記念碑建立委員会編）
『写真で見る秩父事件』
（井上光三郎 品川栄嗣編著・新人物往来社）
『ドキュメント群馬事件』（藤林伸治著・現代詩出版会）
『衡山言行録』（江藤清角編）
『川田正澂自叙伝』（川田正澂著）
『高山長五郎翁略伝』（三俣愛策・横尾佐十郎編纂）
『地方キリスト教徒の多彩な活動―藤岡の大戸甚太郎とその
妻きし―』（宮崎俊弥著）
『上毛及上毛人』（上毛郷土史研究会編）
『大正美人伝』（森まゆみ著・文春文庫）
『日本の時代史22　自由民権と近代社会』（吉川弘文館）
『もういちど読む山川日本史』（山川出版社）
『秩父事件―圧制ヲ変ジテ自由ノ世界ヲ―』
（秩父事件研究顕彰協議会編・新日本出版社）
『ガイドブック秩父事件』
（秩父事件研究顕彰協議会編・新日本出版社）
『秩父事件』（井上幸治著・中公新書）
『民衆暴力』（藤野裕子著・中公新書）
『永劫の歴史』（松本秀代著・文芸社）
『新・明治の革命』（三浦進著・同時代社）
『峠の軍談師』（井出孫六著・社会思想社）
『秩父困民党群像』（井出孫六著・新人物往来社）
『秩父困民党に生きた人びと』（中沢市朗編・徳間書店）
『秩父事件探索』（中沢市朗著・新日本出版社）
『秩父事件を歩く』（戸井昌造著・新人物往来社）

『律儀なれど任侠者　秩父困民党総理田代栄助』
（高橋哲郎著・現代企画室）
『加波山事件と青年群像』（高橋哲夫著・国書刊行会）
『東陲民権史』（関戸覚蔵著）
『自由民権運動と九州地方　—九州改進党の史的研究—』
（新藤東洋男著・古雅書店）
『渋江抽斎』（森鴎外著・岩波文庫）
『ぐんまの自由民権運動』（石原征明 岩根承成著・みやま文庫）
『群馬自由民権運動の研究　—上毛自由党と激化事件—』
（清水吉二著・あさを社）
『群馬事件の構造』（岩根承成著・上毛新聞社）
『週刊朝日百科　日本の歴史・別冊　—文献史料を読む・近
代—』（朝日新聞社）
『ドキュメント群馬事件』（藤林伸治編・徳間書店）
『蚕民騒擾録』（福田薫著・青雲書房）
『秩父事件と西南上州』（新井広司著・煥乎堂）
『自由党秘録』（伊藤痴遊著・双柿舎）
『紙碑　新井琴次郎遺稿』（新井悦郎編・私家版）
『石や叫ばん』（秋山豊著・之潮）
上毛新聞記事（「上毛今昔物語」・昭和3年9月連載、「友よ
語れ」・平成12年8月連載）
映画『草の乱』ＤＶＤ
ホームページ『共愛学園』（その中の「共愛学園の歴史」）
※「共愛学園の歴史」https//edu.kyoai.ac.jp/history
最終閲覧日…2022.9.10
ホームページ『里の風　小柏氏８００年の軌跡』
※「里の風　小柏氏８００年の軌跡」
http//home.catv-yokohama.ne.jp>yowa>satonokaze
最終閲覧日…2022.9.13

# あとがき（新たな地平を目指して）

秩父事件について知りたがっている人がいるから、行って教えてやってもらえませんか。そんな依頼を受けて、日野地区のあるお宅を訪ねたのは平成も終わりに近いある年のことであった。

尋ねたその家はその苗字と場所から秩父事件に参加し、しかも遠く長野県まで転戦した困民党軍兵士の子孫の家であることがすぐに分かった。きっと先祖の生きざまに触れたい。先祖の偉業について知りたい。そんな思いで私を呼んだものと思った。しかし、質問は意外なものだった。「昔、随分貧乏をした時代があって、秩父まで稼ぎに行ったんだそうですね」「秩父で稼いできた金で大尽になった家があるそうですが、本当ですか」

いったいどんな話をすれば理解してもらえるのか、何から話をすればいいのか。しばし、言葉が出なかった。もしかするとこの人は自分の先祖がこの事件に参加したことも、菊池貫平率いる一隊に加わって長野県まで遠征したことも知らないのではないか。そんな思いがよぎった。教科書にも載る歴史的事件であったこと、自由民権運動の中で起こった事件であることなど、一通り話してみたが、この人が語り伝え聞いていた秩父暴動とは結び付かないようであった。最後に、椋神社における決起から参加し、最後まで戦い抜いたうちの一人であることを伝えたが、やはり嬉しそうな表情は見せてはもらえなかった。

秩父地方では、人々が事件を先祖の誇りとして語り始めて久しい。長野県の佐久地方でもやはり先祖が自由民権運動の中に身を投じたことを誇りに思っている。それに比べて悲惨ともいえるようなこの地域の状態はいったい何なのか。どうしてこんな状態になってしまったのか。改めて戦前の暴徒史観や戦後の研究顕彰運動の誤りの深刻さを感じた。

しかし、本論集をまとめる作業の中で新たに疑問に感じるようになったことがある。それは「暴徒」「暴動」とするこの事件に対する見方は果して本当に戦前の歴史観や戦後の顕彰運動が原因なのかということである。もしかしたら、地域の人々自ら、あるいは秩父事件参加者自らが作り出したのではないか。そう感じたのである。本論集で明らかにしたことの一つに、困民党総理田代栄助の背後に群馬県西毛地域を代表するような豪農たちが隠れていた、という事実がある。論文3で示した小柏八郎治、論文4に登場する黒沢円造、論文6の新井平蔵らである。彼らは何代にもわたって営々と築き上げてきた政治的経済的力と地域の人々からの信頼によって地域の経済を支え、人々の生活を支えていた。もしも、捜査の手が迫れば地域はどうなってしまうのか、その思いはこれら豪農たちだけではなく、地域の人々全体の恐怖だったのではないだろうか。「困民党」や「困民党による事件」を強調し、生活に窮した貧しい人々による事件、とすることによりこれら豪農たちへの疑惑の視線は逸らすことができる。「暴徒」「暴動」はこうして自らが作り出したものではなかったのか。そういう思いに至ったのである。

地域の行政のトップにいた郡長の折茂健吾も郡書記の大戸甚太郎もまた八郎治や新井平蔵らと同じ民権家であった。もしも事件後の捜査が豪農層にも及べば、それはやがて自身の身辺に及んでくることを意味する。また、自由党を捜査の対象とすればこれもまた同じことである。彼らは血縁関係で結ばれた親戚であり、学問で結ばれた学友であり、民権思想でつながる同志であり、何よりも新たに生まれた高山社によってつながった養蚕の友でもあった。

自らを、そして地域を守るには「自由党の事件」ではなく「困民党の事件」に、豪農層が糸引く事件ではなく生活に窮した貧民による事件に、藤岡地域の事件ではなく、秩父の事件に。こうして「暴徒」「暴動」が生まれ、「秩父暴動」となったのではないか。そのように感じたのである。

もう一つ生まれた疑問がある。それは豪農層と警察のつながりはなかったのかということである。論文8において鎌田警部の次の出張経歴を紹介した。

「上州南北甘楽ノ各村モ兼テ気脈ヲ通シ居リ同郡内ニテハ小柏八郎（上州多胡郡上日野村小柏常吉ニ当ルヘシ）ナル者大勢ヲ率ヒ岩鼻ノ監獄ヲ破リ四五百人ノ囚徒ヲ救ヒ出シ」

ここでは、小柏八郎（治）を小柏常吉、つまり小柏常次郎と誤解し、以後八郎治の名前が警察資料から消えている事実を紹介しその結果、事件の真の巨魁を取り逃がした旨の説を展開した。これに関する疑問である。つまり、鎌田らは本当に誤解したのだろうかという疑問である。それは、西上州はおろか、秩父地方にまで隠然たる力を持つこの人物を事件の首領として捜査対象にしたら、いったいどんな事態になってしまうのか、という彼らの恐怖が八郎治を資料から消したのではないか。つまり、八郎治を捜査対象から外すために、誤解を装ったのではないかということである。この説は、今のところ資料が少なく私の思い付き的な推論でしかない。新たな史料の発掘と分析を期待したいところである。

本著を含め、私の近著三冊の出発点は、田代栄助の供述に相当の虚偽があるのではないかと考え始めたことに始まる。田代をはじめとする一部幹部の供述を真実の証言として、その上に研究を積み重ねていくことは、鏡に映された別の世界を見て、それを見ながら絵を描いているようなものである。正反対の姿、あるいはまったく別方向を描かされていたのである。そうして描かれたのが「秩父事件」であり、「秩父困民党」であった。本著『藤岡・秩父自由党事件』をきっかけに新たな研究の世界が開けることを願っている。

著者紹介
## 黒沢　正則（くろさわ　まさのり）
プロフィール（2024年現在）

1954年　群馬県藤岡市に生まれる
1972年　群馬県立藤岡高等学校卒業
1976年　法政大学経済学部経済学科卒業
1976年～2016年　埼玉県公立中学校に社会科教員として勤務
30代半ばに秩父事件に出会い、以後研究を続け現在に至る。
専門学校講師、群馬県立文書館文書調査員
高山社顕彰会会員、秩父事件研究顕彰協議会会員

既刊
『ガイドブック秩父事件』（新日本出版社・共著　1999年）
『秩父事件　―圧制ヲ変ジテ自由ノ世界ヲ―』（新日本出版社・共著　2004年）
『自由民権〈激化〉の時代』（日本経済評論社・共著　2014年）
『現政府ヲ転覆シ直ニ国会ヲ開ク革命ノ乱ナリ
　―資料で読み解く秩父事件―』（文芸社・2021年）
**＜令和5年度 群馬県文学賞評論部門受賞＞**
『広域蜂起 秩父事件
　―群馬人が秩父を動かした・世界遺産「高山社」―』（まつやま書房・2022年）

**論集　明治17年11月藤岡・秩父自由党事件**

2024年9月25日　初版第一刷発行
著　者　黒沢 正則
発行者　山本 智紀
印　刷　株式会社シナノ
発行所　まつやま書房
〒355－0017　埼玉県東松山市松葉町3－2－5
Tel.0493－22－4162　Fax.0493－22－4460
郵便振替　00190－3－70394
URL:http://www.matsuyama－syobou.com/



ISBN 978-4-89623-222-6　C0021

関連書籍のご案内

## 広域蜂起 秩父事件

**群馬人が秩父を動かした・世界遺産「高山社」**

黒沢《くろさわ》 正則《まさのり》 著

田代栄助とはどのような人物か。黒沢氏は彫り出す。『自由党史』や調書などの照合から、何が嘘で何が真実か。何を隠そうとしているのか炙り出す。資料を読むとはどういうことなのか。それを教えられる。田代は調書で、自由党員であることを否定している。しかし、『自由党史』には、同年五月に起こった「群馬事件」に関係した党友として既にその名前があることを発見している。どちらを信じるべきか、自ずから明らかだろう。そればかりか、田代が嘘をついて隠そうとしたことの意味も推察できるだろう。さらに複数の証言を参照して、田代の目的は「立憲政体の設立」にあったと導き出している。秩父事件が、政府転覆を目論む自由党の強い影響下に引き起こされた事件であれば、したがって、それは隠されるべきものであった。一方の「貧民救済」「高利貸し成敗」は、事件後の調書の中で出現することから、前者をカモフラージュするための証言であったろうと推測する。この資料の読み分けも見事である。語らなかったものは何か。黒沢氏は、自由党との関係、対政府関係、事件の広域性に要約する。それはそのまま彼らが守りたかったものということになる。

「評論・随筆部門」林 桂審査委員長「作品解説」より一部抜粋

**第６１回（令和５年度）群馬県文学賞「評論部門」受賞**

本体 1600 円＋税　A5 判・並製本・171 頁
ISBN 978-4-89623-193-9